KB262090

정병선 목사

1957년 전북 정읍 출생
1976년 하나님을 만나 삶의 전환점을 맞게 됨
1979년 전주교육대학교 졸업
1985년 대한신학교(현 안양대학교 신학부) 졸업
1988년 합동신학대학원대학교 졸업
1988년 한길교회 개척 담임 목사 시무
2004년 건강 악화로 한길교회 사임
2007년 현재 몸을 돌보며 글쓰기와 자유 설교자로 활동
활동 내역 : 기독교윤리실천운동 수원지부 대표 역임
남북나눔운동 실행위원 역임
연락처 016-759-6007
이메일 hangil721@hanmail.net
저서로는 「어느 목회자의 고백」이 있음

신앙의 마스터클래스

지은이 정병선

초판일 2007년 3월 5일

펴낸이 박기삼

펴낸곳 도서출판 대장간
경기도 안양시 동안구 관양동 1492-15호
전화 031) 423-8440
휴대전화 011-768-0844
홈페이지 http://ncolumn.daum.net/samp12

등록 제 19 호

보급처 기독교출판유통
경기도 고양시 장항동 585-12
전화 031) 906-9191~ 4
팩스 080-456-2580

ISBN 89-7071-133-3

 값 7000원

신앙의 마스터 클래스

신앙이란 하나님의 자유를 인정하고 그 앞에 머리 숙이는 것입니다

정병선

차례

추천의 말1

욥기는 성경 중에서 아주 난해한 책 중의 하나입니다.

금번에 성경 연구에 남다른 심혈을 기울여 오셨던 정병선 목사님의 「욥기 묵상 - 신앙의 마스터클래스」가 나와 정말 기쁩니다. 같은 길을 가는 목회자들에게나 평신도들에게 정말 귀한 자료가 될 것이라고 생각합니다. 특히 세 부분의 신앙 논쟁(2장, 3장, 9장)은 그 관점이 예리하고 남다른 묵상이 있는 부분이어서 깊은 감명을 줍니다.

특히 '세 친구들과의 논쟁'에서, 세 친구의 인과응보적 세계관은 결국 우주적 차원의 '고난의 신비'를 이해 못하고, 그들 자신의 인간성마저도 상실케 하며, 더 나아가 바리새적 정죄에 머물게 하는 현실을 너무도 자세하게 묘사하고 있어서 오늘날의 합리주의적 혹은 과학적 사고에 갇혀 모든 사건을 원인과 결과로 해석하려는 현대인들에게 아주 큰 신앙의 경종이 되고 있습니다.

욥과 함께 창조 세계로 여행을 떠나서는 하나님의 계시적 웅변 앞에서 욥처럼 침묵하고, 모든 우주적 파편들을 신앙으로 통합하는 성령의 역사가 이 강해집을 접하는 모든 성도들 위에 임하시기를 진심으로 축원하며, 일독을 필히 권하는 바입니다.

이문식 목사(산울교회 담임)

추천의 말2

저는 정병선 목사님의 원고가 출판사로 넘겨지기 직전에 A4용지에 출력된 것으로 읽고 깜짝 놀랐습니다. 그 글이 어디선가 많이 본 것처럼 느껴졌기 때문입니다. 정 목사님이 혹시 내 글을 표절한 게 아닐까요? 물론 그건 아니지요. 저는 욥기에 대한 글을 쓴 적이 없으니 말입니다. 그런데 왜 정 목사님의 이 글이 바로 내가 쓴 것처럼 다가왔는지 그게 정말 불가사의입니다.

원래 모든 글은 나름으로 색깔이 있습니다. 사람의 얼굴과 지문이 다르듯이 글은 글 쓴 사람에 따라서 완전히 구별됩니다. 그런데 정 목사님의 글은 내용도 그렇고, 스타일도 그렇고, 호흡도 저와 거의 일치합니다. 글 안에 깔려 있는 신학과 세계관도 비슷합니다. 참 이상한 일도 다 있구나, 하는 생각으로 저는 정 목사님의 원고를 찬찬히 읽어가면서 그 이유를 발견했습니다.

가장 중요한 이유는 정 목사님이 성서 텍스트의 세계 안으로 들어갔다는 사실입니다. 욥기를 해석하고 있는 이 책 「신앙의 마스터클래스」는 성서 텍스트의 고유한 세계 안으로 들어갈 줄 아는 사람이 아니면 쓸 수 없는 내용을 담고 있습니다. 목사라고 한다면 누구나 성서의 세계 안으로 들어간 게 아닌가, 하고 생각할지 모르지만 결코 그렇지 않습니다.

많은 경우에 사람들은 들은 풍월에 불과한 성서의 정보에 매달리고, 그 정보를 오늘 종교적 도구로 이용하려고만 합니다. 이 자리에서 성서의 세계 안으로 들어가는 게 무엇인지 자세하게 설명하지 않겠습니다. 여러분이 이 책을 읽으면 그것이 무엇인지 알게 될 것입니다. 그래도 한 마디만 한다면, 정 목사님은 욥기를 통해서 인간의 가장 심층적인 삶을 해명하고 있습니다. 삶이 무엇인지 성찰하며 살기 원하는 사람이라고 한다면 이 책에서 정 목사님과 영적인 대화를 나눌 수 있을 것입니다.

저는 독자들이 이 책을 통해서 정 목사님이 경험한 그 기독교 영성을 맛보는 것만으로도 이 책을 읽을 가치가 충분하다고 생각합니다. 더 정확하게 말하면, 바로 그것이 책 읽기의 본령입니다. 다른 것들은 크게 중요하지 않습니다. 주옥같은 예화와 깊은 신학적 성찰과 막힘이 없는 글쓰기의 내공 같은 것들은 웬만한 글쟁이들에게는 주어져 있는 것들입니다. 그러나 기독교 영성의 중심에 실제로 들어선 글쟁이를 만난다는 건 쉽지 않습니다. 우리는 이 책에서 바로 그런 저자를 만날 수 있습니다.

정 목사님의 영성이 어느 정도의 깊이가 있는지 제가 한 대목만 말씀드리겠습니다. 그는 "낯선 하나님"의 세계를 인식하고 있습니다. 이것은 모세의 호렙산 경험이며, 이사야의 스랍 경험이고, 엘리야의 세미한 음성 경험이며, 루돌프 오토의 누미노제 경험을 의미합니다. 더 나아가서 "엘리 엘리 라마 사박다니"의 경험입니다.

그에 의하면 "하나님은 본래 그런 분이십니다. 안개에 가려진 분이시오, 신비의 베일에 감추어진 분이십니다. 자신을 드러내시면서도 은폐하시는 분이십니다. 그러기 때문에 우리가 천국에서 하나님을 얼굴과 얼굴로 마주 보게 될 때까지는 하나님은 여전히 우리에게 낯선 분일 수밖에 없습니다." 저는 이렇게 분명하게 말할 수 있습니다. 정 목사님은 기독교 영성의 깊이에서 글을 쓰시는 분입니다.

끝으로, 설교자들과 설교에 관심이 있는 일반 독자들에게 한 말씀만 드리겠습니다. 제가 보기에 이 책에 실린 아홉 편의 욥기 강해는 각각 살아있는 설교입니다. 저는 이런 방식으로 설교해야 한다고 믿는 사람입니다. 굳이 말을 붙이자면 신학적(신앙적) 에세이입니다. 성서와 영적으로 대화할 줄 아는 사람이 진솔하게 고백하는 그런 에세이에서 우리는 성령과 소통하는 게 무엇인지 배울 수 있습니다. 부디 이 책이 온갖 방법론에 떨어져 있는 한국교회의 영적 지평을 한 단계 끌어올릴 수 있는 계기가 되기를 바랍니다.

정용섭 목사(대구 성서아카데미 원장)

인사의 말

나는 성경의 많은 책들 중에서 특별히 욥기를 좋아합니다. 욥기를 읽을 때면 일상에 묻혀 잊고 지내던 신앙과 삶의 깊이를 들여다 보게 되는 경험을 하곤 합니다. 더욱이 가슴 저리도록 생생하게 다가오는 문학적 표현들은 탄복을 불러일으키기에 부족함이 없습니다. 이처럼 특별한 책 욥기를 설교할 수 있었다는 건 설교자로서 누릴 수 있는 최고의 행운이었다고 생각됩니다.

저자가 한길교회를 목회할 때 설교자와 청중 모두가 은혜를 받고 기뻐했던 욥기 설교를 정성껏 다듬고 보완해서 책으로 출판하게 되니 감회가 새롭습니다. 나아가 보화가 가득 담긴 욥기를 이 땅의 그리스도인 형제 자매들과 나눌 수 있게 된 것을 기쁘게 생각합니다. 나무에게 죄만 짓는 건 아닐까 하는 마음 때문에 저어하기도 했지만 한 줌의 은혜와 깨우침이라도 나눌 수 있다면 죄를 씻을 수 있다는 생각으로 나무에게 글을 실어 보냅니다.

특히 한국교회 역사상 처음으로 본격적인 설교 비평의 장을 여신 정용섭 목사님(대구 성서아카데미 원장)과 오랜 친구인 이문식 목사님(산본 산울교회)의 마음을 담은 추천에 마음 깊이 감사드립니다. 언제나 최선을 다해 책을 제련하시는 대장간 박기삼 선생님께도 고마움을 전합니다.

마지막으로 성경 본문은 표준새번역 개정판을 사용했으며, 다른 번역본은 따로 표기해 두었음을 말씀드립니다.

2007년 2월 정병선

욥기를 열며

욥은 인생이 경험할 수 있는 축복과 고난 가운데서도 최고의 축복과 최고의 고난을 한 몸으로 겪은 사람입니다. 욥의 인생을 꼼꼼히 살펴 보면 그 속에 신앙과 삶에 대한 이야기가 많이 담겨 있는 것을 발견할 수 있습니다.

욥 한 사람의 신앙 여정만 깊이 묵상해도 인생과 신앙의 많은 문제를 충분히 읽어낼 수 있을 만큼 욥의 인생 속에는 많은 이야기가 담겨 있습니다. 특별히 욥의 생애는 단순히 한 개인의 생애가 아닙니다. 하나님의 이야기가 풍부하게 담긴 생애입니다. 하나님이 사람에게 들려 주시고자 하는 최고의 이야기가 담겨 있는 이야기보따리입니다. 그리하여 그리스도인이라면 누구나 한 번쯤 진지하게 붙들고 씨름해야 할 책이 바로 욥기라고 생각합니다.

스코틀랜드의 문학 평론가이자 역사가인 토마스 카알라일은 "이런저런 이론들을 다 제쳐두고라도 욥기는 이제껏 쓰여진 책 중 가장 위대한 책들 가운데 하나라고 생각한다. 이것은 정말 고결한 책이고, 모든 인류의 책 중의 책이다. 성경 안에서든 밖에서든 이 책만큼 문학적 가치가 있는 책은 내가 보기엔 없다"고 극찬했습니다. 종교 개혁자 마르틴 루터도 "욥기는 성경의 어느 책보다도 장엄하고 숭고한 책이다"고 말했습니다.

이들의 말은 결코 과장이 아닙니다. 아마 온 세상을 다 뒤져봐도 욥기만큼 신앙의 문제를 심도 있게 논의하는 책은 찾아보기 어려울 것입니다. 욥기만큼 신앙의 본질 문제와 관련한 진검 승부가 가감없이 펼쳐지는 책은 정녕코 없을 것입니다. 요즘 우리 세대의 가벼움과는 차원이 다른 깊이와 진지함이 가득 담긴 책입니다. 그래서 현대인들의 취향에는 맞지 않는 책일지도 모릅니다. 그러나 하나님의 세계, 진정한 신앙의 세계를 탐험하고자 하는 자라면 꼭 거쳐야 할 신앙의 마스터클래스가 욥기라고 믿습니다.

욥기는 단순하게 고통의 문제를 다루고 있지는 않습니다. 고통의 문제로 욥기를 이해하는 것은 욥기를 잘못 읽는 것입니다. 왜냐하면 욥기는 고통의 문제를 소재로 이야기가 전개되기는 하지만 실제로 이야기하고 있는 내용은 '왜 선한 사람에게 나쁜 일이 일어나는가?' '엉망으로 돌아가는 이 세상에서 하나님은 도대체 뭘 하시는가?' '하나님을 어떻게 이해해야 하는가?' '이유 없는 재앙이 있을 수 있는가?' 하는 신앙의 본질 문제를 다루고 있기 때문입니다.

이런 문제는 언뜻 보면 매우 심오하고 철학적인 문제같아 보입니다. 그래서 신학자들이나 붙들고 씨름해야 할 문제라고 생각하기 쉽습니다. 그러나 사실은 조금이라도 성실하게 신앙생활을 하는 자라면 누구라도 부딪치지 않을 수 없는 실제적인 문제입니다. 하루에도 몇 차례씩 묻게 되는 가장 현실적인 문제입니다.

욥기는 바로 이런 실제적인 신앙의 핵심 문제를 다루고 있습니다. 그것도 적당히 설명하고 끝내는 정도가 아니라 머리가 터지도록 치열하게 논쟁을 벌이면서 깊은 이해의 차원으로까지 독자들을 끌고 갑니다. 욥기에는 크게 세 가지 논쟁이 나오는데 하나님과 사단의 논쟁, 욥과 친구들의 논쟁, 욥과 하나님의 논쟁이 큰 줄기를 형성하고 있습니다.

첫째, 하나님과 사단의 논쟁은 신앙의 진정성 문제가 핵심입니다. 욥이 순전하게 하나님을 섬기는 것이 하나님이 부어주신 축복 때문이냐 아니냐 하는 문제입니다.

둘째, 욥과 친구들의 논쟁은 재앙의 원인이 욥의 죄 때문이냐 아니냐 하는 것이 핵심입니다. 다시 말하면 이유 없는 재앙이 있을 수 있느냐 없느냐 하는 것입니다. 한 걸음 더 깊이 들어가서 생각하면 인생의 황당함과 모순을 하나님 안에서 어떻게 해석해야 하느냐 하는 해석의 문제였다고 할 수 있습니다.

셋째, 욥과 하나님의 논쟁은 인과응보 사상을 비롯해 하나님을 규정하려는 모든 형태의 인간적인 시도가 불의한 것이요 어리석은 것임을 깨우치는 것이 핵심이라고 할 수 있습니다.

이런 욥기의 논쟁점은 신앙에 있어서 가장 심오한 문제이면서 동시에 가장 많이 오해되고 있는 문제입니다. 신앙인 가운데 어느 한 사람도 이 문제와 상관이 없는 사람이 없을 정도로 모든 신앙인에게 해당되는 일반적인 문제입니다. 다행히 욥기는 이런 문제와 질문을 회피하지 않고 풀어냅니다. 적당히 얼버무리지 않고 정직하게 대면합니다. 그러기 때문에 교회는 욥기를 닫으면 안 됩니다. 욥기의 질문을 함께 질문하면서 하나님의 이야기에 귀 기울여야 합니다.

우리가 욥기의 이야기를 정직하게 듣는다면 욥기는 지금까지 교회가 말해왔던 신앙 이야기와는 상당히 다른 이야기를 하고 있다는 것을 발견하게 될 것입니다. 욥기를 정직하게 듣게 되면 교회 안에서 횡횡하는 신앙이 얼마나 가벼운 신앙인지, 얼마나 왜곡되어 있는지, 어디서 걸려 넘어지는지를 좀더 명확하게 볼 수 있게 될 것입니다. 그리고 우리의 신앙이 인간적인 정의의 차원에서 하나님의 자유의 차원으로 승화되는 눈을 뜨게 될 것입니다. 진정한 신앙의 세계에 한 발짝 더 다가가는 축복을 받게 될 것입니다.

일장

욥은 성공보다 더 위대한 하나님을 알았기에,
성공의 때에 성공의 덫에 걸려 넘어지지 않을 수 있었습니다.

또한 욥은 주신 분이 여호와이심을 알았기에

모든 것을 잃어버린 비루한 현실 앞에서도

고난의 덫에 넘어지지 않을 수 있었습니다.

"하루는 욥의 아들과 딸들이 맏아들의 집에서 음식을 먹으며 포도주를 마시고 있는데 일꾼 하나가 욥에게 달려와서 다급하게 말하였다. 우리가 소를 몰아 밭을 갈고, 나귀들은 그 근처에서 풀을 뜯고 있는데 스바 사람들이 갑자기 들이닥쳐 가축들을 빼앗아 가고 종들을 칼로 쳐서 죽였습니다. 저 혼자만 겨우 살아남아서 주인 어른께 이렇게 소식을 전해 드립니다. 이 일꾼이 아직 말을 다 마치지도 않았는데 또 다른 사람이 달려와서 말하였다. 하늘에서 하나님의 불이 떨어져서 양떼와 목동들을 살라 버렸습니다. 저 혼자만 겨우 살아남아서 주인 어른께 이렇게 소식을 전해 드립니다. 이 사람도 아직 말을 다 마치지 않았는데 또 다른 사람이 달려와서 말하였다. 갈대아 사람 세 무리가 갑자기 낙타 떼에게 달려들어서 모두 끌어가고 종들을 칼로 쳐서 죽였습니다. 저 혼자만 겨우 살아남아서 주인 어른께 이렇게 소식을 전해 드립니다. 이 사람도 아직 말을 다 마치지 않았는데 또 다른 사람이 달려와서 말하였다. 주인 어른의 아드님과 따님들이 큰 아드님 댁에서 한창 음식을 먹으며 포도주를 마시는데 갑자기 광야에서 강풍이 불어와서 그 집 네 모퉁이를 내리쳤고 집이 무너졌습니다. 그 때에 젊은 사람들이 그 속에 깔려서 모두 죽었습니다. 저 혼자만 겨우 살아남아서 주인 어른께 이렇게 소식을 전해 드립니다. 이 때에 욥이 일어나 슬퍼하며 겉옷을 찢고 머리털을 민 다음에 머리를 땅에 대고 엎드려 경배하면서 이렇게 말하였다. 모태에서 빈 손으로 태어났으니 죽을 때에도 빈 손으로 돌아갈 것입니다. 주신 분도 주님이시요 가져가신 분도 주님이시니 주님의 이름을 찬양할 뿐입니다. 이렇게 욥은 이 모든 어려움을 당하고서도 죄를 짓지 않았으며 어리석게 하나님을 원망하지도 않았다"(욥기 1:13-22).

1장 성공했을 때와 망했을 때

우리의 삶은 언제 어디서 터질지 알 수 없는 지뢰밭과 같습니다. 작은 실수 하나에도 넘어질 수 있고, 순간의 오판으로 모든 걸 날릴 수 있는 것이 인생입니다. 잘 나가면 잘 나가는 것 때문에 위험하고, 추락하면 추락하는 것 때문에 위험합니다. 의로우면 의로움이라는 지뢰를 밟기 쉽고, 방탕하면 방탕의 지뢰를 밟아 파멸에 이르기 쉬운 것이 인생입니다. 이처럼 지천에 깔려 있는 지뢰를 밟지 않고 평생을 반듯하게 산다는 것은 정말이지 하늘의 별을 따기보다 더 어렵습니다.

성공했을 때

사람의 진면목은 두 가지 극단적인 상황에서 나타난다고 생각합니다. 성공했을 때와 망했을 때입니다. 성공했을 때와 망했을 때 행동하는 걸 보면 그 사람이 어떤 사람인지 어느 정도 알 수 있습니다. 아굴의 잠언에 보면 아굴이 하나님께 매우 이상야릇한 기도를 드립니다.

"곧 허탄과 거짓말을 내게서 멀리하옵시며 나로 가난하게도 마옵시고 부하게도 마옵시고 오직 필요한 양식으로 내게 먹이시옵소서"(잠 30:8, 개역).

여러분! 왜 아굴이 부와 가난 모두를 원하지 않았을까요? 부를 구하는 것이 당연한 일일 텐데 왜 아굴은 가난뿐만 아니라 부유함도 원치 않는다고 기도했을까요? 그 이유는 이렇습니다.

"혹 내가 배불러서 하나님을 모른다 여호와가 누구냐 할까 하오며 혹 내가 가난하여 도적질하고 내 하나님의 이름을 욕되게 할까 두려워함이니이다"(잠 30:9, 개역).

아굴이 이렇게 기도한 것을 보면 그는 사람이 성공했을 때와 망했을 때, 배부를 때와 배고플 때 가장 쉽게 넘어질 수 있다는 진실을 알았던 것 같습니다.

링컨은 인생의 고난과 권력을 다 경험한 사람답게 이렇게 말했습니다. "사람의 인격을 시험하고 싶다면 고난 대신 권력을 주어 보라. 고난은 거의 모든 사람이 이겨낼 수 있지만 권력은 그렇지 않다." 정말 송곳처럼 정확한 말입니다. 인생을 좀 살아보니 고난보다 더 위험한 것이 권력이라는 게 실감이 납니다. 하나님의 마음에 합한 사람 다윗이나 위대한 지도자 모세도 보십시오. 그들도 성공 앞에서 넘어졌습니다. 예수님도 "부자가 하나님나라에 들어가는 것보다 낙타가 바늘귀로 들어가는 것이 더 쉽다"(마 19:24)고 말씀하실 정도로 성공과 부유는 인생의 커다란 유혹인 것이 사실입니다. 진실로 사람이 평생을 사는 동안 인생의 대지에 깔려 있는 지뢰를 밟지 않고 반듯하게 산다는 것은 하늘의 별을 따기보다 더 어려운 일입니다.

그런데 하늘의 별을 딴 사람이 있습니다. 바로 욥입니다. 욥은 하나님이 인정한 의인입니다. 마음이 순전하고 정직하여 하나님을 경외하고 악에서 떠난 자였습니다.

거기다가 재산도 많았고 동방에서 가장 큰 자였습니다. 인격, 명예, 재산, 권세, 모든 면에서 최고의 정점에 오른 사람이었습니다. 인간적으로 보면 정말 넘어질 수 있는 조건을 충분히 갖춘 사람이었습니다.

그런데 욥은 재산이 많았음에도 불구하고, 최고의 성공을 거두었음에도
불구하고 인생의 지뢰를 밟지 않았습니다. 교만의 덫에 걸려 넘어지지 않았
습니다. 여전히 마음의 순전함을 잃지 않고 정직했습니다. 여호와를 경외했
습니다. 악에서 떠나 있었습니다.

욥에게는 자녀가 열이나 있었는데 생일날이 되면 자기 집에 초청하여 잔
치를 베풀고 먹고 마시곤 했습니다. 그러나 다음 날 아침이면 어김없이 자
녀들을 위해 하나님께 번제를 드렸습니다. 혹여 마음으로라도 하나님을 배
반하였을까, 죄를 행치는 않았을까 염려되어 번제를 드릴 정도로 죄에 민감
했습니다.

이처럼 욥은 넘어질 수 있는 모든 조건을 완벽하게 갖추었음에도 불구하
고 넘어지지 않았습니다. 어떻게 그럴 수 있었을까요? 의문은 잠시 접어놓
고 욥의 이야기를 계속 따라가 보겠습니다.

모든 걸 잃은 욥

성공의 정점에서도 넘어지지 않았던 욥에게 난데없는 재앙이 닥쳤습니
다. 그것도 일순간에 숨 돌릴 틈도 없이 벼락처럼 닥쳤습니다. 모든 가축이
다 죽고 사랑하는 자녀들까지 몰살을 당하는 처참한 일들이 화산이 터지듯
한 순간에 일어났습니다. 평소에 욥은 이런 생각을 하고 있었습니다.

"나는 죽을 때까지 이렇게 건장하게 살 것이다. 소털처럼 많은 나날 불사
조처럼 오래 살 것이다. 나는 뿌리가 물가로 뻗은 나무와 같고, 이슬을 머금
은 나무와 같다. 사람마다 늘 나를 칭찬하고 내 정력은 쇠하지 않을 것이다"
(욥 29:18-20).

그런데 정작 욥에게 닥친 현실은 이런 기대와는 딴판이었습니다. 그야말

로 눈 깜짝할 사이에 동방에서 최고였던 욥이 하루 아침에 알거지가 되었습니다. 인생 최고의 자리에서 몸뚱이만 덩그러니 나뒹구는 밑바닥 인생으로 떨어졌습니다. 모두들 욥을 부러워했었는데 하루 아침에 그만 ….

깃털처럼 가벼운 인생

인간의 운명이란 얼마나 가벼운지요? 한 사람의 인생이 최고의 자리에서 가장 비참한 자리로 떨어지는 것이 한 순간이었습니다. 욥의 친구 엘리바스가 말한 대로 하나님의 입기운에 멸망하고 콧김으로도 사라지는 것이 세상이요 인생입니다(4:9).

어디 한 사람의 인생뿐이겠습니까? 수천 년 동안 피땀 흘려 쌓은 위대한 문명의 탑도 하나님이 하시고자 하면 일순간에 잿더미로 만들 수 있습니다. 정말 한없이 가벼운 것이 인생입니다.

그래서 성경은 말합니다. "너희는 인생을 의지하지 말라 그의 호흡은 코에 있나니 수에 칠 가치가 어디 있느뇨"(사 2:22, 개역). 그렇습니다. 깃털처럼 가벼운 것이 인생입니다. 아침 안개와 같은 것이 인생입니다. 하나님의 콧김으로도 망하는 것이 인생입니다.

그런데 깃털처럼 가벼운 인생의 현실이 욥에게 닥쳤습니다. 하루 아침에 모든 것이 날아갔습니다. 그 때 욥이 어떻게 했습니까? 겉옷을 찢고 머리를 밀었습니다(1:20). 그 당시에 겉옷을 찢고 머리를 미는 것은 극심한 고통을 표현하는 전형적인 행동이었습니다.

그러니까 욥의 이 행동은 욥이 얼마나 저주받은 자의 처지에서 고통으로 신음하고 있는지를 보여주고 있는 것입니다. 진실로 욥은 고통을 숨길 수 없었습니다. 깃털처럼 가벼운 인생의 현실이 왜 자신에게 닥친 것인지 이해할 수 없었습니다. 그저 뼛속까지 밀려드는 고통을 끌어안고 온 몸으로 뒹구는 수밖에 없었습니다.

그러나 오해하지 마십시오. 욥이 극심한 고통을 호소한다고 해서 신앙이 없는 것이라고 생각하지 마십시오. 하나님을 원망했다고 생각하지 마십시오. 성경은 분명히 말합니다.

"이렇게 욥은 이 모든 어려움을 당하고서도 죄를 짓지 않았으며, 어리석게 하나님을 원망하지도 않았다"(1:22).

하나님을 원망하기보다는 이렇게 고백합니다. "주신 분도 주님이시오, 가져 가신 분도 주님이시니 주님의 이름을 찬양할 뿐입니다"(1:21).

여러분! 너무 이상하지 않습니까? 겉옷을 찢고 머리를 밀며 고통을 견디지 못해 몸부림치는 욥이 어떻게 여호와의 이름을 찬송할 수 있단 말입니까? 신음소리와 찬송소리가 어떻게 한 입에서 동시에 나올 수 있단 말입니까? 비참한 재난의 현실을 두 눈 뜨고 똑똑히 바라보면서 어떻게 여호와를 찬송할 수 있단 말입니까?

만일 이 재난이 먼 옛날 욥의 사건이 아니고 지금 내 앞에 일어난 일이라고 생각해 보십시오. 성실하게 일하여 모은 재산, 눈에 집어넣어도 아깝지 않을 자식들을 일순간에 다 잃었는데 어떻게 찬송할 수 있겠습니까? 어떻게 하나님을 응시할 수 있겠습니까?

나는 상상하는 것만으로도 뼈가 녹아 버릴 것 같습니다. 지옥의 끝이라도 내려가야 분이 풀릴 것 같습니다. 그러나 욥은 그러지 않았습니다. 욥은 온 몸으로 고통하면서도 동시에 여호와의 이름을 찬양했습니다. 눈을 감고 싶은 비참한 현실 앞에서도 신뢰와 경외의 마음으로 하나님을 응시했습니다.

그렇다면 생각해 보지 않을 수 없습니다. 도대체 욥이라는 사람이 어떤 사람이기에 고난의 심연에서 하나님을 찬양하고, 또 최고의 재산과 최고의 명예를 누리던 그 시절에도 교만하지 않고 신앙의 순전함을 지킬 수 있었던 것일까요? 아굴이나 링컨이 말한 대로 욥은 정말 넘어질 수 있는 모든 조건을 갖춘 사람이었는데, 그럼에도 불구하고 상상할 수 없는 일 앞에서 상상할 수 없는 반응을 할 수 있었던 배경이 무엇일까요?

신앙의 신비

욥은 하나님이 왜 이런 비참한 재앙을 만나게 했는지 알 도리가 없었습니다. 이유를 알기라도 하면 마음이라도 후련할 텐데 도무지 알 수 있는 길이 없었습니다. 하늘에서 일어나는 일을 욥이 무슨 재주로 알겠습니까? 이유도 모른 채 당할 뿐이었습니다.

그러나 그럼에도 불구하고 욥은 하나님을 경배했습니다. 왜 이런 재앙이 자기에게 닥치는 건지 이해할 수는 없었지만 여호와의 이름을 찬양했습니다. 그래요. 신앙에는 때때로 이런 것이 있습니다. 무엇 때문에 이런 일이 나에게 일어나는지 알지 못하지만 그래도 좌우간 하나님께 감사하고 찬양해야 할 때가 있습니다. 이유 없이 감사하고, 이유도 모르면서 찬양해야 할 때가 있습니다.

엄청난 재앙을 만났는데 그런 상황에서 무엇 때문에 하나님께 감사해야 하겠습니까? 세상의 눈으로 볼 때는 정말 이해가 안 될 것입니다. 그러나 신앙의 세계에서는 눈물을 흘리며 통곡하면서도 마음 깊은 곳에서 하나님을 찬양할 수 있는 바보스러움이 있습니다. 어리석은 것 같고 무식한 것 같아 보이지만 신앙에는 그런 답답함과 오묘함이 있습니다. 상식과 이성을 넘어서는 역설의 세계가 있습니다.

그러기 때문에 신앙의 세계에서는 슬픔과 감사가 공존할 수 있습니다. 고통과 찬양이 함께 할 수 있습니다. 아니 좀더 적극적으로 말하면 고통과 찬양, 슬픔과 감사가 공존해야 합니다. 그것이 신앙의 신비요 신앙의 역설입니다.

단지 신비만은 아님

욥은 분명히 사건의 일차적인 이유를 몰랐습니다. 왜 이런 재앙이 한 순간에 닥치는 것인지 그 배경에 대해서는 정말 어떤 단서도 발견할 수 없었습니다.

그러나 그럼에도 불구하고 여호와의 이름을 찬양할 수 있었던 것은 그보다 더 깊은 이유가 있었기 때문입니다. 바로 하나님을 향한 신뢰입니다. '나는 모르지만 그분이 어련히 알아서 했겠는가. 나는 이해가 안 되지만 그래도 그분께서 다 뜻이 있어서 하신 일이다' 하는 신뢰가 있었던 겁니다.

예를 들어 볼까요? 철수가 영수를 매우 신뢰한다고 해봅시다. 영수가 어느 날 일을 하다가 일을 좀 엉뚱하게 처리했습니다. 그러면 사람들이 뭐라고 하겠습니까? '아니, 저 사람이 왜 일을 저렇게 엉뚱하게 하는지 모르겠네?' 하고 불평할 것입니다. 그러나 영수를 신뢰하는 철수는 그렇게 반응하지 않을 겁니다. '저 친구가 일을 저렇게 처리한 데는 우리가 알지 못하는 민가가 있을 서야. 저 친구 나름대로 생각이 있어서 그랬을 거야' 라고 생각하겠지요.

욥도 그랬습니다. 욥이 생각할 때는 이해하기 어려웠습니다. 왜 이런 끔찍한 일들이 연이어 터지는 건지 정말 알 수 없었습니다. 겉옷을 찢고 머리를 밀어야 할 정도로 고통스러운 건 사실이었습니다. 그러나 욥은 하나님이 자기를 사랑하신다는 진실, 하나님이 하시는 일은 언제나 선하심에 기초하고 있다는 진실을 신뢰하는 믿음이 있었습니다.

이런 신앙적 배경이 있었기 때문에 사건의 일차적인 이유를 몰랐음에도 불구하고 욥은 하나님을 신뢰할 수 있었고, 고통하면서도 찬양할 수 있었던 것입니다. 그렇습니다. 신앙이란 일차적인 것에 따라 왔다갔다하는 것이 아닙니다. 사업이 잘 되고 성공하면 감사하고, 실패하고 어려우면 원망하는 것은 신앙이 아닙니다.

내 이성으로 이해가 되면 받아들이고, 이해가 안 되면 거부하는 것도 신앙이 아닙니다. 기도하고 응답이 없다고 불평하는 것, 주일 잘 지켰는데 축복 안 준다고 시무룩한 것도 신앙이 아닙니다.

하나님을 잘 믿으면 복 받는다고 해서 열심히 믿는 것도 신앙이 아닙니다. 진정한 신앙의 세계는 그렇게 피상적이지 않습니다. 얄팍하지 않습니다. 신앙이란 욥과 같이 일차적인 이유를 초월하는 것입니다. 일차적인 이유를 몰라도 더 깊은 이유가 있기 때문에 하나님께 감사하고 찬양하는 것입니다.

욥의 아내는 달랐습니다. 욥의 마지막 남은 몸뚱이마저도 악창이 나서 죽을 지경이 되자 욥의 아내가 소리쳤습니다. "당신이 이래도 진실을 고수할 셈이오? 하나님이나 저주하고 죽으시오"(2:9, 현대인의 성경). 그렇지요. 어찌 이런 말이 나오지 않겠습니까. 우리도 백이면 백, 욥의 아내처럼 반응할 것입니다.

하지만 욥은 달랐습니다. 고통하고 신음하면서도 여전히 하나님을 경배했습니다. 악창이 난 몸뚱이 하나, 전혀 도움이 되지 않는 아내 외에는 모든 것을 다 잃었지만 그럼에도 불구하고 욥은 입술로 범죄하지 않았습니다. 욥에게는 변하는 현실 앞에서도 변하지 않는 진실이 있었기 때문입니다. 신뢰가 있었기 때문입니다. 일차적인 것에 얽매여 울고 웃는 얄팍한 신앙이 아니라 더 깊은 이유를 가진 신앙이 있었기 때문입니다.

하나님이 주셨으니

욥이 여호와의 이름을 찬양할 수 있었던 데는 또 하나 결정적인 이유가 있습니다. "주신 분도 주님이시오, 가져 가신 분도 주님이시니 주님의 이름을 찬양할 뿐입니다"(1:21). 이 엄청난 고백 속에 욥이 찬양할 수 있었던 비밀이 숨어 있습니다.

어떻게 생각하면 욥의 이 고백은 마치 신선 같은 소리로 들립니다. 밥도 안 먹고 화장실도 안 가는 사람들이나 하는 이야기 같이 들립니다. 그러나 이건 분명히 욥의 고백입니다. 욥은 이 고백을 통해서 모든 소유뿐 아니라 자녀와 자신의 생명까지도 하나님께서 주셨으니 하나님께서 가져가실 수 있다는 것을 인정하고 있습니다.

만일 욥이 모든 소유에 대하여 '하나님이 주셨으니 하나님이 가져가실 수도 있다' 는 것을 인정하지 못했다면 계속 터지는 재난의 소식을 들었을 때 어떻게 되었겠습니까? 아마도 반은 미치광이가 되고 말았을 것입니다.

'그게 어떻게 모은 재산인데, 그게 무슨 소리냐? 내 재산이 다 날아갔다고? 그 놈들이 누군데? 그 날강도 같은 놈들이 누군데? 그 많던 재산을 다 잿더미로 만든단 말이냐? 이게 꿈이냐 생시냐? 차라리 내 목숨을 가져가지 왜 그 재산은 가져가!' 이렇게 소리소리 지르며 떼굴떼굴 굴렀을 것입니다. 이쩌면 그 자리에서 기절하여 죽었을지도 모릅니다.

그러나 욥은 그렇게 반응하지 않았습니다. 욥은 고통 중에도 잊지 않았습니다. 주신 자도 여호와시요 취하신 자도 여호와시라는 진실을, 이 모든 것이 자기 것이 아님을, 언제든지 하나님이 마음대로 처분할 수 있는 것임을. 이 진실을 기억하고 있었기 때문에 욥은 소유에 집착하지 않을 수 있었고, 소유에 집착하지 않았기 때문에 소유를 다 잃었을 때 하나님을 원망하지 않을 수 있었다고 믿습니다.

적신으로 왔은즉

소유권과 처분권이 하나님께 있음을 늘 기억하고 살던 욥에게 또 하나 놓치지 않는 인생의 진실이 있었습니다. "모태에서 빈 손으로 태어났으니, 죽을 때에도 빈 손으로 돌아갈 것입니다"(1:21). 욥은 이 진실 역시 늘 기억하며 살았습니다. 사람이 억만 년 쓸 것을 쌓아놓았다 하더라도 결국은 죽을 때 빈손으로 돌아가게 된다는 이 진실을 마음 깊이 품고 살았습니다.

욥은 많은 재산을 볼 때마다 마음 속으로 되뇌었을 것입니다. '저 재산은 내가 죽을 때 갖고 가지 못한다. 그저 잠시 내가 맡고 있을 뿐이다.' 바로 이 진실을 잊지 않고 늘 되뇌며 생활했기 때문에 모든 것을 잃어 버리고 몸뚱이 하나만 덩그러니 남았을 때도 하나님의 이름을 찬양할 수 있었다고 믿습니다.

진리를 기억하는 힘

여러분, 욥이 인생의 위기를 만났을 때 욥의 신앙과 인격을 지킬 수 있게 해준 것이 무엇이었다고 생각하십니까? 욥 자신의 인격이 훌륭해서일까요? 인생 경험이 풍부해서일까요? 철저한 도덕 의식으로 무장했기 때문일까요? 아닙니다. 욥의 신앙과 인격을 지켜준 것은 진리였습니다. 오직 하나님의 말씀인 진리가, 그 진리를 기억하는 신앙의 힘이 위기의 때에 욥을 지켜 주었습니다.

예수님께서도 성령에 이끌리어 광야에서 40일을 금식하실 때 사단에게 시험을 받는 위기의 때가 있었습니다. 그 때에 예수님이 승리할 수 있었던 것 역시 다른 게 아니었습니다. 바로 하나님의 말씀인 진리였습니다. 진리가 욥을 지켜 주었고, 진리가 예수님을 지켜 주었습니다.

예수님은 말씀했습니다. "진리를 알지니 진리가 너희를 자유케 하리라"(요 8:32, 개역). 그렇습니다. 진리만이 자유요, 진리 안에서만 자유할 수 있습니다. 그런데 문제는 진리를 모르는 것이라기보다는 진리와 진실을 알면서도 기억하지 않는 것이라고 생각됩니다. 사람들이 진리를 알면서도 진리를 잊고 살기 때문에 상대적인 것에 얽매여 살고, 작고 사소한 것에 목숨을 걸고 야단을 치는 것이라고 생각됩니다. 그런 면에서 망각은 죄입니다. 망각은 게으름입니다. 망각은 진리가 주는 위대한 자유를 앗아가는 재앙입니다.

여러분, 신앙은 기억하는 것입니다. 하나님이 말씀하신 진리를 기억하는 것이 신앙이요, 하나님이 베푸신 사랑과 펼치신 세상의 진실을 기억하는 것이 신앙입니다. "모든 것은 하나님의 것"이며, "인생은 결국 적신으로 돌아간다"는 평범한 진리를 기억하며 사는 것이 신앙입니다.

진리가 아닌 모든 것들은 다 우리를 옭아맬 뿐입니다. 전통, 이념, 종교, 윤리, 이 모든 것들은 우리를 자유케 하기는커녕 엄청난 힘으로 우리를 옭아맵니다. 특히 전통이나 이데올로기, 왜곡된 종교적 믿음은 사람의 생각과 영혼을 가두는 감옥과 같습니다. 그래서 한 번 갇히면 여간해서 빠져 나오기가 힘듭니다. 오직 진리만이 사람을 자유케 합니다.

오직 진리만이 전통, 이데올로기, 잘못된 종교적 믿음, 휩쓸리기 쉬운 세상의 풍조로부터 사람을 자유케 합니다. 돈, 명예, 성공, 쾌락, 죄, 용서할 수 없는 미움, 마음 깊이 각인된 상처로부터도 자유케 합니다. 그러므로 자유하기를 원한다면 언제나 진리를 기억해야 합니다. 망각의 늪에 빠지지 않고 기억의 강을 여행하며 사는 것이 신앙의 삶입니다.

존재의 가치

욥은 모든 것을 잃었습니다. 일평생 애쓰고 수고해서 이룬 인생의 모든 재물과 업적들을 다 잃었습니다. 이제 남은 것은 아무것도 없습니다. 자기 존재 외에는 실오라기 하나 가진 것 없는 빈털터리가 됐습니다. 그러나 그때 욥은 여호와의 이름을 찬양했습니다. 몸뚱이까지 악창이 나서 죽게 되었음에도 불구하고 입술로 범죄하지 않았습니다. 존재 자체로 감사했습니다. 욥의 이와 같은 태도는 자본주의 사회를 살고 있는 우리들에게 놀라운 깨우침과 도전을 줍니다.

어느 세대나 마찬가지였지만 특별히 우리가 사는 이 세대는 소유 지향적이고 성취 지향적인 시대입니다. 얼마나 많이 소유했느냐, 얼마나 많은 것을 성취했느냐 하는 것으로 자기 존재를 증명하는 시대입니다. 소유와 성취가 존재를 규정하는 시대입니다. 오늘 이 시대는 상대적 빈곤 때문에 원망하고 불평하는 시대입니다. 다른 사람보다 더 좋은 것을 갖지 못한 것 때문에 살맛이 나지 않고, 다른 사람보다 더 많은 재산을 쌓지 못한 것 때문에 가난 의식에 사로잡혀 사는 시대입니다. 소유와 성취가 판을 치는 세상인지라 존재는 설 자리가 없는 시대입니다. 소유와 성취로 모든 걸 평가하는 인간 모독적인 시대입니다.

그래서 소유와 성취를 잃어 버리고 나면 더 이상 존재의 이유를 발견하지 못한 채 방황하게 되는 것이 이 세대의 실상입니다. 많은 사람들이 재물을 잃거나 성취한 것을 잃고 나면 자살을 하고 좌절을 하는 것도 소유와 성취가 없이는 인생의 의미를 찾지 못하기 때문입니다. 이렇게 모든 것을 소유와 성취로 평가하는 시대의 눈으로 보면 욥의 인생도 영락없이 실패한 인생으로 평가해야 할 것입니다. 만일 나중에 두 배의 축복을 받지 않았다면 말입니다.

그러나 그건 너무 가벼운 평가입니다. 너무 결과 중심적인 평가입니다. 삶이란 그렇게 일차원적이지 않습니다. 단순하지도 않습니다. 소유의 넉넉함으로 인간의 삶을 평가하는 것은 진실로 인간에 대한 모독이요 수치입니다.

소유냐 존재냐

소유냐? 존재냐? 하는 문제는 이제 오늘의 화두가 아닙니다. 사람들은 더이상 그 화두를 놓고 고민하지 않습니다. 이미 소유의 신이 시대를 지배하고 있습니다. 사단은 소유의 재단에 앉아서 이 시대를 지휘하고 있으며, 사람의 마음 깊은 곳에 부드럽게 속삭이며 치근대고 있습니다.

'소유와 성취를 위하여 열심을 내라. 더 많은 것을 소유하라. 더 높이 올라가라. 더 큰 명예를 얻으라. 그것을 위해서 최선을 다하라. 그것이 인생을 열심히 사는 것이요 보람있게 사는 것이다' 고 말입니다.

또한 사단은 온 세상을 부추겨서 소위 성공한 사람들에게 박수를 보냅니다. 언론과 문화 매체를 총동원해서 더 많은 것을 소유하고, 더 많은 것을 성취한 자들을 멋지게 띄워줍니다. 그러면 사람들은 사단이 연출하는 화려하고 멋진 장면을 보고 감동을 받고 도전을 받습니다. 자기도 모르게 군침을 흘립니다. 나도 저 사람같이 되고 싶다는 환상을 품게 됩니다.

물론 모든 성공이 사단의 작품은 아닙니다. 예수님의 얼굴을 가진 아름다운 성공도 얼마든지 있을 수 있습니다. 하나님이 주시는 성공도 있을 수 있

습니다. 그러나 성공을 과시하고 포장하여 삶을 성공에 종속시키려는 몸짓
은 몽땅 사단의 짓입니다. 하나님의 선물인 삶을 파괴하기 위해 사단이 거
짓말하는 것입니다. 보암직도 하고 먹음직도 하고 탐스럽기도 할 만큼 아름
답고 멋진 속삭임이긴 하나 분명 속임수입니다.

소유와 삶은 전혀 다른 세계도 아니지만 전적으로 동일한 세계도 아닙니
다. 소유가 많으면 먹고 사는 일차적인 생활은 편리하고 여유로워지는 것이
사실입니다. 어느 정도의 재산이 있으면 자기가 하고 싶은 것을 맘껏 할 수
있는 자유를 누릴 수 있습니다. 일차적인 빵 문제가 해결되지 않으면 이차
적인 삶의 영역으로 나아가기 어렵습니다.

사람은 누구나 빵문제로부터 자유할 수 없습니다. 이 세상에 밥보다 더 근
본적인 것이 어디 있겠습니까? 다른 모든 것은 밥 이후의 문제입니다. 내가
생각을 하고 글을 쓸 수 있는 것도 최소한의 생활이 되기 때문에 가능한 일
입니다. 만일 내일 먹을 밥이 없다면 나는 지금 당장 글쓰기를 접어놓고 밥
벌이에 나서야 합니다. 그런 면에서 소유와 성취란 결코 부정한 것도 아니
고 천한 것도 아닙니다. 사람에게 많은 유익과 축복을 제공하는 삶의 일부
인 것이 사실입니다.

그러나 소유가 삶의 일부임에도 불구하고 여전히 변하지 않는 진실이 있
습니다. 소유의 많음이 곧 존재의 풍성함은 아니라는 것입니다. 돈이 삶을
산출해내는 데는 일정한 한계가 있다는 것입니다. 우리나라 재벌 2세들을
보세요. 다 그런 건 아니지만 부모님 재산을 등에 업고 방탕한 생활을 하다
가 인생을 망친 자들이 꽤 있지 않습니까. 자기 사업을 하겠다고 부모님 재
산을 요구하다가 뜻대로 되지 않자 아버지를 살해한 일까지도 있었습니다.
차라리 재산이 없었더라면 행복하고 성실하게 살 사람이, 많은 재산 때문에
파멸의 구렁텅이에 빠져 허우적거리는 경우도 흔히 볼 수 있습니다. 아마

모르긴 몰라도 재물로 인해 삶을 얻은 사람보다는 삶을 잃어버린 사람이 훨씬 많을지도 모릅니다.

진실로 부자가 하나님 나라에 들어가는 것은 낙타가 바늘귀로 들어가는 것만큼이나 어려운 일입니다. 바로 이것이 돈의 한계입니다. 소유와 성취의 한계입니다. 이 한계를 정확히 꿰뚫어 알아야 합니다. 그래야 존재가 소유에 먹히지 않을 수 있으며 성취의 노예로 삶을 저당잡히지 않을 수 있습니다. 그런데 안타까운 것은 이 시대가 그 한계를 인식하지 못하고 있다는 것입니다. 아니, 모든 시대가 그러했습니다. 욥이 살던 시대도 예외가 아니었고요.

사단은 욥도 역시 소유와 성취에 근거한 사람일 거라고 확신했습니다. 욥이 하나님을 경외하는 것은 하나님이 욥에게 많은 축복을 베풀었기 때문이라는 것이 사단의 확신이었습니다. 그러기 때문에 모든 소유를 다 앗아가면 욥도 역시 하나님을 욕할 것이라고 목청을 높일 수 있었습니다.

"이제라도 주님께서 손을 드셔서 그가 가진 모든 것을 치시면, 그는 주님 앞에서 주님을 저주할 것입니다"(1:11). 그러나 욥은 사단이 생각한 대로 행동하지 않았습니다. 욥은 모든 소유를 잃었음에도 불구하고 입술로 범죄하지 않았습니다. 원망하지 않았습니다. 하나님을 부인하지 않았습니다. 왜일까요? 대단한 믿음이 있어서요? 그렇게 단순한 대답은 대답이 아닙니다. 틀린 말은 아니지만 꼭 옳은 말이라고 할 수도 없습니다.

욥이 모든 소유를 잃었음에도 불구하고 입술로 범죄하지 않고 하나님을 떠나지 않을 수 있었던 것은 욥이 평소에 소유와 성취에 근거한 삶을 살지 않았기 때문입니다. 부에도 처할 줄 알고 가난에도 처할 줄 아는 일체의 비결을 아는 자였기 때문입니다. 재물을 상대화할 줄 알았기 때문입니다. 많은 재물을 소유하는 것 자체를 죄악시하지 않으면서도 재물에 인생 최고의 가치를 두지 않았기 때문입니다.

욥은 성공보다 더 위대한 하나님을 알았기에, 성공의 지극히 작음을 알았기에 성공의 때에 성공의 덫에 걸려 넘어지지 않을 수 있었습니다. 또한 욥은 주신 분이 여호와이심을 알았기에 모든 것을 잃어버린 비루한 현실 앞에서도 고난의 덫에 넘어지지 않을 수 있었습니다. 소유와 성취의 한계를 분명히 인식하고 있었기에 소유와 성취가 다 날아갔을 때 하나님을 부인하지 않을 수 있었습니다. 단지 하나님을 믿어서가 아닙니다. 하나님 안에서 진실을 보는 눈을 뜨고 있었기 때문에 인생의 지뢰를 밟고 산산이 부서질 가능성이 가장 많은 성공의 때와 쇠망의 때에 인생의 지뢰를 밟지 않을 수 있었습니다.

2장

이 세상 그 어떤 것도 하나님과 우리 사이에 낄 수 없고,

하나님과 우리의 관계를 변화시킬 수 없습니다.

그런데 사단은 지금 이 시간에도 쉬지 않고

하나님과 우리의 관계를 물질적인 관계로 변질시키려 하고 있습니다.

우리의 신앙을 물질적 토대 위에 세우려 하고 있습니다.

"하루는 하나님의 아들들이 와서 주님 앞에 섰는데 사탄도 그들과 함께 서 있었다. 주님께서 사탄에게 어디를 갔다가 오는 길이냐 하고 물으셨다. 사탄은 주님께 땅을 이리저리 돌아다니다가 오는 길입니다 하고 대답하였다. 주님께서 사탄에게 말씀하셨다. 너는 내 종 욥을 잘 살펴보았느냐? 이 세상에는 그 사람만큼 흠이 없고 정직한 사람, 그렇게 하나님을 경외하며 악을 멀리하는 사람은 없다. 그러자 사탄이 주님께 아뢰었다. 욥이 아무 것도 바라는 것이 없이 하나님을 경외하겠습니까? 주님께서 그와 그의 집과 그가 가진 모든 것을 울타리로 감싸 주시고 그가 하는 일이면 무엇에나 복을 주셔서 그의 소유를 온 땅에 넘치게 하지 않으셨습니까? 이제라도 주님께서 손을 드셔서 그가 가진 모든 것을 치시면 그는 주님 앞에서 주님을 저주할 것입니다. 주님께서 사탄에게 말씀하셨습니다. 그가 가진 모든 것을 다 네게 맡겨 보겠다. 다만, 그의 몸에는 손을 대지 말아라. 그 때에 사탄이 주님 앞에서 물러갔다"(욥기 1:6-12).

2장 하나님과 사단의 신앙 논쟁

욥은 순전하고 정직하여 하나님을 경외하고 악에서 떠난 자였습니다. 세상에 욥과 같은 사람이 없다고 하나님이 장담하실 만큼 미더운 사람이었습니다. 욥의 신앙과 신앙 인격이 얼마나 미덥던지 사단에게 내어 놓을 정도로 신뢰가 가는 사람이었습니다. 그런 욥의 신앙을 놓고 하나님과 사단 사이에 내기가 벌어졌습니다.

하나님과 사단의 대화

어느 날 천사들이 여호와 앞에 섰습니다. 거기에는 고소자인 사단도 있었습니다. 여호와께서 사단에게 물었습니다. "너는 어디에서 왔느냐?" 사단이 대답했습니다. "땅을 두루 돌아다니다 왔습니다." 여호와께서 또 물었습니다. "네가 내 종 욥을 주의하여 보았느냐? 그처럼 순전하고 정직하여 여호와를 경외하고 악에서 떠난 사람이 세상에 없느니라."

그러자 대뜸 이의를 제기합니다. '하나님! 하나님도 참 순진하시군요. 욥이 당신을 섬기는 데는 다 까닭이 있습니다. 주께서는 항상 그와 그 가정과 그의 재산을 보호하고 그가 하는 모든 일에 축복해 주셨지 않습니까. 가축이 온 땅을 덮을 만큼 부자가 되게 하셨지 않습니까. 그러니 욥이 당신을 순전하게 섬기는 것입니다. 만일 그가 소유한 모든 것을 한 번 빼앗아 보십시오. 그러면 당장 주의 면전에서 주를 욕할 것입니다. 주께서 그에게 잘해 주시니까 욥도 당신에게 잘하는 것이지 욥을 축복하지 않으면 욥도 역시 당신께 등을 돌릴 것입니다.' 이렇게 매우 그럴 듯한 주장을 했습니다.

가장 본질적인 신앙의 문제

하나님은 사단의 주장을 듣고 그냥 흘려보낼 수 없었습니다. 왜냐하면 이 문제는 신앙의 본질이 걸린 문제였기 때문입니다. 신앙에 있어서 가장 본질적인 문제는 "사람이 하나님을 믿고 섬기는 것이 물질적인 보상 때문인가 아닌가?" "사람이 사심 없이 하나님을 믿을 수 있는 것인가? 어떤 보상도 바라지 않고, 징벌을 두려워하지 않으면서 하나님을 믿고 신뢰할 수 있는 것인가?" 하는 것입니다.

이 문제는 우리의 신앙과 관련해서 가장 근본적인 문제이기 때문에 이 문제를 분명하게 정리하지 않으면 성경이 말하는 신앙이나 일반 종교적 차원의 신앙이나 별반 차이가 없어지게 됩니다. 그저 종교적 형식과 신의 이름만 다를 뿐이지 신앙의 내용은 똑같은 것이 되고 마는 것입니다. 하여, 사단이 노리고 있는 것도 바로 이 점입니다. 온 세상을 창조하시고 이스라엘을 구속하신 여호와 하나님을 믿는 참 신앙과 물물교환식 종교적 신앙의 차이를 없애 버리고 참 신앙의 고유성을 무너뜨리고자 하는 것이 사단의 전략인 것입니다.

그러기 때문에 이 문제는 결코 가볍게 넘어갈 수 없는 문제였습니다. 어떻게 해서라도 여호와를 경외하는 신앙의 진정성이 어떤 것인지를 증거해야만 했습니다. 그러자니 하는 수 없었습니다. 욥을 걸고 신앙의 진검 승부를 하는 수밖에요.

사단의 주장

사단이 하나님께 도전하고 있는 문제는 매우 분명합니다. 하나님은 지금 욥의 신앙을 순전한 신앙이라고 인정하고 있는데, 사단은 그런 신앙이란 절대 불가능하다는 것입니다. 하나님이 복을 주지 않으면 욥도 하나님을 믿지 않을 것이라는 것입니다. 이것은 사단이 사람들의 신앙 행태를 관찰하고 나서 자신있게 얻은 통계학적 확신이었습니다.

사단이 온 세상을 두루 다니며 살펴보니 사람들이 하나님을 믿는다고 하기는 하나 실상은 물질적인 보상을 바라고 믿더라는 것입니다. 만일 물질적인 보상이 없으면 다들 하나님을 떠나더라는 것입니다. 하여, 사단은 자신있게 주장합니다. 욥도 사람인지라 예외가 아닐 거라는 겁니다. 욥이 가진 모든 것을 빼앗으면 정녕 하나님을 저주할 것이라는 게 사단의 확신이었습니다.

여러분! 사단의 이 확신이 전혀 근거 없는 것입니까? 아닙니다. 사단이 지금 사기 치는 게 아닙니다. 통계적인 수치로만 본다면 사단의 주장이 백 번 맞습니다. 지금 이 시대에도 사단의 주장은 통계적인 진실임에 틀림없을 겁니다.

하나님을 믿고 따르는 사람들이 교회마다 차고 넘치기는 하지만 하나님을 믿고 섬긴 것에 대한 현세적이고 물질적인 보상이 없으면 어떻게 될까요? 아마 하나님께 실망하고 떠날 사람이 부지기수일 겁니다. 사단이 본래 거짓의 아비임에는 틀림없지만, 적어도 이 주장에 있어서만큼은 어느 정도 현실적인 진실을 담고 있다고 보여집니다.

사단의 첫 번째 도전

사실 사단이 제기한 이 문제는 모든 시대, 모든 신앙인들의 고민이고 싸움입니다. 우리가 하나님을 믿다 보면 한 번쯤은 이런 문제로 고민하게 됩니다. 하나님을 열심히 믿는다고 믿고, 섬긴다고 섬기다가도 하나님이 나에게 갚아 주는 것이 아무것도 없다고 느껴질 때 많은 사람들은 신앙에 회의를 느낍니다. 아무리 기도해도 병이 안 낫고, 원하는 축복이 없을 때는 시무룩해집니다. 하나님께 버림받았다는 느낌을 떨칠 수가 없습니다.

'하나님은 과연 살아계신 것인가? 하나님은 정말 나를 사랑하시는 것인가? 나를 사랑한다는 현실적인 증거가 없는데 무엇 때문에 계속해서 하나님을 믿는단 말인가?' 하는 신앙적인 회의에 빠지게 됩니다. 물질적이고 현세적인 조건에 따라서 신앙이 영향을 받고 흔들립니다. 대부분의 그리스도인들이 겉으로는 안 그런 척해도 속으로는 상황에 따라 영향을 받고 흔들립니다. 사단의 주장이 전혀 근거 없는 것이 아닙니다. 그리고 욥도 역시 그런 범주에서 벗어나지 않을 것이라는 게 사단의 확신이었습니다.

그러나 하나님은 사단의 주장을 그대로 묵인할 수 없었습니다. 진정한 신앙은 사단이 주장하듯이 물질적인 보상에 따라 왔다갔다하는 것이 아니라는 진실을 보여주어야 할 필요가 있었습니다. 그래서 사단의 도전을 받아들였고, 참 신앙의 사람 욥을 등장시켜야 했습니다.

신앙의 사람 욥이 모든 것을 잃었을 때 과연 어떻게 하는지를 보기로 한 것입니다. 사단과 입씨름을 해봐야 끝없는 평행선만 달릴 것이 뻔하기 때문에 하나님은 실제로 욥을 걸고 내기를 한 것입니다. 결국 욥의 몸은 건드리지 말고 모든 재산을 맘대로 흔들어 보라고 허락하기에 이르렀습니다.

사단은 신이 났습니다. 욥의 신앙을 무너뜨릴 수 있는 절호의 기회를 얻었으니 얼마나 신났겠습니까. 곧장 욥에게 달려갔지요. 정말 실오라기 하나 남김없이 모든 재산을 한 방에 날려 버렸습니다. 재산뿐만 아니라 사랑하는 자식들의 생명까지도 몰살시켰습니다. 그리고는 욥이 어떻게 반응하는지를 지켜봤습니다. 그 순간은 하나님에게도 사단에게도 정말 긴장된 순간이 아닐 수 없었을 겁니다. 욥이 어떻게 반응하느냐에 따라 신앙의 세계가 무너지느냐 세워지느냐가 결판나는 절대 절명의 순간이었을 테니까요. 하나님도 사단도 숨을 죽여 가며 욥을 지켜봤을 겁니다.

과연 욥은 어떻게 반응했을까요? 사단이 장담한 대로 하나님에게 등을 돌렸을까요? 아닙니다. 욥은 하나님을 저주하지도, 등을 돌리지도 않았습니다. 아무런 흔들림도 없이 여호와를 경외했습니다. 하나님은 그런 욥을 보시고서 사단에게 자랑스럽게 외쳤습니다. "네가 내 종 욥을 유의하여 보았느냐? 그와 같이 순전하고 정직하여 하나님을 경외하며 악에서 떠난 자가 세상에 없느니라. 네가 나를 격동하여 까닭없이 그를 치게 하였어도 그가 오히려 자기의 순전을 굳게 지켰느니라"(2:3, 개역). 이로써 하나님은 사단의 주장이 근거 없는 것이었음을, 욥의 신앙이 물질적인 보상 때문이 아니었음을 확증할 수 있었습니다.

사단의 두 번째 도전

그러나 사단은 한 번의 패배로 물러서지 않았습니다. 다시 도전합니다. "이제 주님께서 손을 들어서 그의 뼈와 살을 치시면, 그는 당장 주님 앞에서 주님을 저주하고 말 것입니다"(2:5). 내친 김에 하나님은 그것도 허락했습니다. 한 번 시작된 싸움이니 결판을 내야하지 않겠습니까. 하여, 욥의 생명만 건드리지 말고 마음대로 해보라고 허락했습니다(2:6).

다시 한 번 기회를 얻은 사단은 이번에야말로 욥의 입에서 하나님을 저주하는 말이 나오도록 하고야 말겠다는 각오로 덤볐습니다. 발바닥부터 머리끝까지 온 몸에 악창이 나게 했습니다. 사람으로서는 도무지 견딜 수 없는 고통의 극점에까지 몰고 갔습니다. 재 가운데 앉아서 기와 조각을 가져다가 자기 몸을 긁지 않고는 견딜 수 없는 지경으로까지 내몰았습니다.

결국 참다 못한 아내가 한 마디 했습니다. "이래도 당신은 여전히 신실함을 지킬 겁니까? 차라리 하나님을 저주하고서 죽는 것이 낫겠습니다"(2:9). 드디어 사단은 절반의 성공을 거두었습니다. 욥의 아내가 흔들리기 시작했습니다. 사단의 생각대로 하나님을 저주하기 시작했습니다. 이제 남은 건 욥입니다. 욥만 쓰러지면 됩니다.

사단은 잔뜩 기대를 했습니다. 아니 100% 믿었습니다. 욥의 입에서도 하나님을 저주하는 소리가 나올 것이라고. 그러나 욥은 끝내 욕하지 않았습니다. 욕하지 않았을 뿐 아니라 하나님을 욕하고 죽으라고 소리치는 아내를 향하여 '그런 말은 어리석은 자들의 말'이라며 공박하기까지 했습니다.

욥의 신앙

욥의 신앙은 상처를 입지 않았습니다. 욥은 여전히 하나님 앞에서 신앙의 순전함을 지켰습니다. 욥은 사단이 생각하는 차원의 신앙인이 아니었습니다. 현실적인 보상 때문에 하나님을 경배하는 얄팍한 신앙인이 아니었습니다.

욥의 신앙은 하나님이 창조주시고 만물을 다스리시는 주인이시기 때문에 피조물로서 하나님을 믿고 의지했던 것이지 그분이 부어주신 축복 때문에 믿고 의지한 것이 아니었습니다. 하나님이 모든 것을 주관하시고 살피시는 통치자시기 때문에 그저 하나님 앞에 머리 숙이고 신뢰했던 것이지 다른 조건이 또 있었던 게 아니었습니다. 진실로 욥의 신앙은 하나님 그분 때문에 믿는 신앙이었습니다. 하나님 이외에는 다른 조건이 없었습니다. 다른 건 다 부차적인 것이었습니다. 부차적인 것 때문에 하나님과의 관계가 영향 받을 수는 없었습니다.

만일 아버지와 아들의 관계가 돈 때문에 휘둘리는 사이라면 그게 진정한 부자지간이겠습니까? 사업 자금 안 대준다고 아버지를 죽이고, 필요한 것 안 사 준다고 아버지의 사랑을 의심하고 대든다면, 그게 제대로 된 부자지간이겠습니까? 아버지가 내 모든 것을 책임져 주지만, 설사 아무것도 해주는 것이 없다 해도 아버지의 사랑을 믿고 신뢰하는 아들이 진정한 아들이겠지요.

하나님과 우리 사이도 그렇습니다. 하나님과 나 사이가 돈과 성공 때문에 묶여 있는 관계라면 그런 관계는 천박하고 아무런 의미도 없는 관계일 것입니다. 현실적인 보상이 없다고 해서 하나님을 욕하고 돌아설 수 있는 관계라면 그것은 싸구려 흥정관계에 불과할 것입니다.

만일 하나님과 나 사이가 본래 그런 관계라면 나는 그런 하나님을 향해 내 인생을 살지는 않겠습니다. 만일 하나님이 세상에서 성공을 주시는 분이고, 만사를 형통케 하시는 분이라면 나도 한 번 성공하기 위해서 그 분을 이용할 수는 있겠지만 내 인생의 신액을 쏟아가며 그분을 믿고 따르지는 않겠습니다.

하나님 때문에 불편한 것을 참고 인내하지는 않겠습니다. 하나님은 내가 조건 없이 믿고 따르며 사랑하고픈 그런 분일 때 행복하고 좋은 것이지, 현세적이고 물질적인 보상을 바라며 그분의 얼굴에서 돈과 명예를 찾는다면 그것은 너무 서글픈 일 아닐까요.

오늘도 여전히

그런데 사단은 오늘도 여전히 같은 주장을 반복하고 있습니다. 사람들도 여전히 하나님이 주시는 현세적이고 물질적인 보상을 기대하면서 하나님을 믿고 있습니다. 단지 물질적인 축복만을 위해서 믿지는 않을지라도 물질적인 축복을 강렬하게 사모하며 신앙생활을 하고 있습니다. 그러기 때문에 현세적이고 물질적인 보상이 주어지지 않으면 쉽게 신앙에 회의를 느낍니다.

훌륭한 기독교 저술가인 필립 얀시가 「하나님 이럴 수가 있습니까?」라는 책에서 줄곧 리차드라는 한 신학생의 이야기를 전하고 있는데 그의 이야기가 좀 길지만 깊이 공감할 수 있는 이야기이기 때문에 자세하게 전하고자 합니다.

그는 휘튼 대학 신학부를 다니고 있는 신앙인입니다. 대학 때 선교단체를 통해서 예수님을 알게 된 리차드는 상당히 성숙한 신앙인이었습니다. 그런 그가 얀시를 만나더니 대뜸 하는 말이 "저는 하나님이 원망스럽습니다. 아니, 저는 아예 하나님을 믿지도 않아요"라고 하는 것이었습니다.

리차드의 전후 사정은 이러했습니다. 그가 살던 집은 본래 잘 나가던 집안이었는데 파산을 했습니다. 그 여파로 부모님이 이혼할 위기까지 몰리자 이혼하지 않게 하려고 무진 애를 썼습니다. 다시 회복될 수 있게 해달라고 밤낮을 가리지 않고 기도했고, 경제 문제로 부담을 주지 않으려고 학교를 잠시 쉬어 가면서 고향 집에 내려가 사태를 수습해 보려고 노력했습니다. 하지만 사태는 더 악화될 뿐이었습니다. 결국 응답되지 않는 기도에 대한 씁쓸한 뒷맛만 남긴 채 가정은 무너지고 말았습니다.

이 일이 있고 나서 리차드는 신앙에 대해 더 깊이 알고 싶어 휘튼 대학 신학부로 옮겼습니다. 그는 하나님을 진정으로 만나고 싶었습니다. 구체적으로 인도받고 싶었습니다. 다른 사람들에게서 하나님을 만났다는 이야기를 들을 때면 리차드도 하나님을 실제적으로 만나고 싶은 마음이 간절했습니다. 그래서 성경을 읽고 기도하는 일에 열심을 다했습니다. 그러나 도무지 하나님을 만나는 경험을 할 수가 없었습니다. 취직도 그랬습니다. 고용주가 철석같이 약속해 놓고는 전혀 자격도 없는 다른 사람을 고용해 버렸습니다.

결국 리차드는 대학 융자금도 갚지 못한 채 실업자가 되는 신세가 되고 말았습니다. 거기다 엎친 데 덮친 격으로 결혼을 약속한 샤론이라는 자매가 있었는데, 그 자매마저도 슬슬 발을 빼기 시작하는 거였습니다. 그녀는 지금까지 힘든 고비마다 절망의 나락으로 떨어지지 않도록 리차드를 붙잡아 주었던 마지막 보루였습니다. 그들은 서로 손을 붙잡고 둘만의 미래를 위해 기도해 왔습니다. 그런데 이제 그들의 진지했던 기도는 웃기지도 않은 과거가 되고 말았습니다.

거기다가 그가 결정적으로 신앙에 대해 실망하게 되는 일이 벌어졌습니다. 어느 주일 저녁 예배에 참석했는데 언제나처럼 간증하는 시간이 있었습니다. 간증의 내용인즉 이랬습니다. 그 주에 알래스카 오지 부락으로 날아가던 비행기가 추락하는 사고가 발생했습니다. 탑승객 중에는 9명의 선교사도 포함되어 있었다고 합니다. 얼마나 큰 사고였던지 선교사를 포함해서 탑승객 전원이 흔적도 없이 사망하는 사고였답니다. 그런데 놀라운 것은 자기도 본래 그 비행기 티켓을 구입했다고 합니다. 그렇지만 자기는 하나님의 특별한 돌보심으로 다른 비행기를 타게 되어 사고를 모면하게 되었다는 이야기였습니다.

그녀는 다른 비행기를 타게 된 상황과 사고 현장에 대한 목격담을 자세하게 전하면서, 자기는 다른 비행기를 타게 되어서 아슬아슬하게 사고를 모면했노라고 말하자 성도들은 모두 '할렐루야! 아멘' 으로 화답하며 크게 기뻐하는 거였습니다. 그녀의 은혜로운 간증이 끝나자 목사님이 나오셔서 기도 했습니다.

"주님, 우리의 사랑하는 자매를 지켜 주시고 당신의 보호하는 천사를 통해 그녀를 인도하심을 감사하나이다. 그리고 알래스카에서 잠든 고인들의 유가족과 함께 하기를 원하나이다." 그렇게 한 성도의 생명을 지켜주신 하나님의 은총에 기뻐하며 감사하는 그 시간에 리차드의 마음 속에는 이런 의문이 들었다고 합니다. '만일 선교사 부인들이 그들의 기도와 할렐루야 외치는 소리를 들었다면 뭐라고 할 것인가? 죽은 자들의 유가족들에게 하나님은 어떤 분이실까?

이 의문을 가슴에 품은 채 리차드는 그날 밤 결정적으로 하나님을 떠날 결심을 했습니다. 그러나 미련이 남았던지 마지막 기회를 갖고 싶어서 리차드는 마음을 정하고 정말 간절히 엎드려 기도를 드렸습니다. 무릎을 꿇고 나무바닥에 엎드려 부르짖었습니다.

"하나님, 도대체 저에게 관심이 있는 겁니까? 제가 세상 돌아가는 것에 대해서 알고 싶다는 것이 아닙니다. 제가 원하는 것은 하나님이 거기 계시다는 어떤 증거를 달라는 겁니다. 증거요! 이게 제가 바라는 전부입니다. 아시겠습니까?

이렇게 부르짖으며 새벽 4시까지 기도를 했는데도 하나님은 아무런 응답이 없었습니다. 결국 최후의 결심을 하고 리차드는 지금까지 읽던 성경과 기독교 관련 책을 전부 꺼내다가 마당에 쌓아 놓고 휘발유를 붓고 불을 질렀습니다. 이것이 리차드가 필립 얀시에게 털어 놓은 신앙적 고민이었습니다.

여러분! 리차드의 신앙적 고민이 철없이 가벼운 것입니까? 신앙이 부족해서 그런 거라고 쉽게 말할 수 있겠습니까? 만일 당신에게 이런 일이 닥쳤다면 어떻게 하시겠습니까? 당신에게 이 젊은이가 신앙 상담을 청했다면 어떻게 하나님을 설명하시겠습니까?

어떤 성도의 이야기입니다. 성도님의 아들은 행실이 좋지 않아 전과가 있었는데, 이 아들이 또 다시 범죄를 저질렀습니다. 성도님은 목사님께 연락을 하고 함께 법원에 갔습니다. 법원에 가서는 판사, 검사, 담당 소년계 직원, 그리고 담당 변호사를 만나서 이런저런 얘기를 하고 법원을 나오는데, 그때 성도님이 이런 말을 하더랍니다. "그들은 내 아들을 형무소로 보내지 않을 겁니다." 목사님이 조금은 놀란 표정으로 "정말 그럴까요?" 하고 반문했더니 "아, 물론이지요. 나는 기도했습니다. 그러니 하나님은 내 아이가 감옥에 가는 일이 일어나도록 하시지는 않을 겁니다"라고 태연스럽게 말하는 것이었습니다. 그러나 하나님은 그 아들이 형무소로 가는 걸 막아주지 않았습니다. 그 후 성도님은 토요일 아침 목사님께 전화를 해서는 화난 목소리로 말했습니다. "교인 명부에서 내 이름을 빼주시오. 다신 교회 안 나갑니다."

구약의 이스라엘 백성들도 비슷했습니다. 애굽에서 하나님의 이적을 보았고 홍해를 건넜던 이스라엘 백성이지만, 그처럼 놀라운 하나님의 능력을 목도했던 이스라엘 백성조차도 툭하면 하나님을 원망하고 불평했습니다. 기대했던 현실이 눈앞에 펼쳐지지 않으면 여지없이 하나님을 원망했습니다. 애굽에서 종살이할 때 하늘을 향하여 신음하며 부르짖던 일은 까맣게 잊어버린 채, 왜 우리를 애굽에서 구출해냈느냐고 큰소리쳤습니다.

하나님을 오해하기 때문에

여러분! 왜 이런 일이 벌어지는 것입니까? 왜 그다지도 쉽게 하나님을 원망하고 신앙적인 회의에 빠지는 것입니까? 이유는 간단합니다. 하나님을 오해하고 있기 때문입니다. 하나님이 모든 문제를 해결해 주는 분으로 잘못 알고 있기 때문입니다. 하나님은 언제나 축복하시고 보호하시고 만사를 좋게 하시는 분으로만 알고 있기 때문에 그렇지 않은 일들이 벌어지면 더 이상 영적으로 버티지 못하는 것입니다.

본래 하나님은 사람들이 기대하는 그런 하나님과는 거리가 먼 분이십니다. 하나님은 우리의 모든 소망을 들어주시는 분이 아닙니다. 하나님은 우리를 과잉보호할 정도로 어리석은 분이 아닙니다. 하나님은 하루에도 수많은 기업이 무너지는 부도 상황이나 실직의 아픔이 많은 현실에서 당신의 백성들을 완벽하게 보호해 주지 않습니다. 새벽을 깨워가며 하나님의 특별한 돌보심을 기도했지만 실직이라는 현실을 피하지 못한 그리스도인들이 많이 있습니다. 병원에서 투병하는 사람들 중에는 신실한 그리스도인들이 많지만 그들이 다 질병으로부터 치유 받는 건 아닙니다.

한 자매의 슬픈 죽음이 있었습니다. 자매는 열한 살에 눈 망막 뒤에 핏줄이 생기는 '코트씨 병' 으로 두 눈을 실명했습니다. 하지만 인생을 포기하지 않는 강한 정신력과 부모님의 헌신적인 뒷받침에 힘입어 대학에 들어갔고, 1991년에는 정상인도 쉽지 않은 미국 유학을 떠났습니다. 버클리 대학 석사 과정을 좋은 성적으로 공부하다가 예수님을 만났습니다. 예수님을 만난 후로는 인생의 새로운 기쁨을 알게 되었고, 평점 만점으로 석사 과정을 마치고 박사 과정을 밟는 중에 장애인들을 섬기고자 하는 강렬한 열망으로 귀국하여 맹아학교 교사로 일하기 시작했습니다. 그러다가 1995년 삼풍백화점 붕괴 사고 때 두 여동생과 함께 콘크리트 더미에 깔려 죽는 불의의 참사를 당했습니다. 그것도 예수 믿은 지 4년 만에 말입니다.

이처럼 주변을 보면 오늘도 여전히 하늘을 향하여 원망하지 않을 수 없는 일들이 많이 일어나고 있습니다. 세상에서 일어나는 모든 일들이 그리스도인에게도 그대로 일어나고 있습니다. 이것이 엄연한 신앙 현실입니다.

하나님을 오해하는 데서 오는 상처

그러면 이런 엄연한 신앙 현실 앞에서 어떻게 해야 합니까? 신앙 무용론을 주장하면서 하나님을 떠나야 합니까? 신앙을 포기해야 합니까? 만일 하나님을 믿어야 할 이유가 사단이 주장하듯이 현실적인 보상에 기초한 것이라면 당연히 신앙을 포기해야 할 것입니다. 그러나 그것이 진실이 아니라면 어떻게 해야 합니까?

길은 하나입니다. 하나님을 오해한 것을 돌이키는 길밖에 없습니다. 만일 하나님이 우리의 모든 일을 안전하게 지켜 주시고 소원하는 대로 응답해 주시는 분이라는 편견과 오해를 깨부수지 않는다면, 원치 않는 일을 만날 때마다 우리의 신앙은 흔들리게 될 것입니다. 그뿐 아니라 하나님께 상처까지 받게 될 것입니다. 하나님을 잘 믿었는데, 나는 하나님께 사랑도 받지 못하고 버림받았다고 하는 깊은 상실감에 빠져들게 될 것입니다. 실제로 교회 안에는 하나님께 버림받았다고 하는 상실감으로 괴로워하는 그리스도인들이 많이 있습니다.

성장하는 과정에서 정신적으로 큰 상처를 입고 아파하는 한 자매가 있습니다. 다행히 신앙이 있어서 예배에도 출석하고 교회생활을 하고 있긴 합니다. 하지만 오랜 세월을 기도하며 하나님의 도움을 구해 봐도 하나님이 자기를 사랑하신다는 어떤 증거도 발견할 수 없어서 힘들어 합니다. 스스로 하나님께 버림받았다는 생각, 하나님은 나를 사랑하지는 않는다는 생각 때문에 무척 괴로워합니다. 기회 있을 때마다 하나님의 사랑을 신뢰하라고 말해 주지만, 자매는 기도해도 변치 않는 자신의 현실을 보면서 자꾸만 버림받았다고 하는 생각을 떨치지 못하는 것을 보면 마음이 아픕니다. 그 자매뿐 아니지요. 말하지는 않지만 수많은 그리스도인들이 교회 안에서 하나님께 상처를 받고 방황하고 있다고 생각합니다.

여러분, 왜 이런 일이 벌어지는 것입니까? 왜 하나님을 믿고 예배하면서도 하나님께 버림받았다고 하는 생각을 떨치지 못하는 것입니까? 왜 하나님께 상처를 받는 것입니까? 하나님을 오해하기 때문입니다. 하나님의 사랑을 엉뚱한 데서 찾으려고 하기 때문입니다. 지금까지 교회 설교자들이 하나님의 사랑을 지나칠 정도로 물질적인 축복과 연결시켜서 가르치고 설교해 왔기 때문입니다.

신앙은 해석의 문제

신앙은 해석의 문제입니다. 그리고 해석하는 관점에 영향을 미치는 것은 신관(神觀)입니다. 하나님을 어떤 분으로 알고 있느냐에 따라서 해석하는 관점이 영향을 받습니다. 신관은 단지 신앙의 문제만은 아닙니다. 신관은 우주를 해석하고 인생의 모든 일을 해석하는 일상에까지 연결되어 있습니다. 길가에 피어 있는 이름 없는 들꽃 한 송이로부터 밤하늘을 빼곡히 수놓은 은하수를 바라보는 데까지 연결되어 있습니다. 신앙은 진실로 인생 만사를 해석하는 눈입니다.

그런데 대부분 인생 만사를 해석하는 눈을 결정하는 신관이 찌그러져 있습니다. 하나님을 인과응보의 하나님으로, 하나님만 잘 섬기면 만사를 형통케 해주시는 분으로 잘못 가르쳐 왔습니다. 리차드가 하나님께 실망하고 등을 돌릴 수밖에 없었던 것도 다분히 교회의 가르침이 잘못되었기 때문입니다. 하나님을 지나치리만큼 축복과 연결시키는 교회의 잘못된 가르침 때문에 리차드의 신앙적 관점이 일그러졌으며, 일그러진 신앙적 관점 때문에 하나님께 상처를 받고 신앙이 흔들렸던 것입니다.

물론 교회의 가르침이 전적으로 틀렸다는 이야기는 아닙니다. 하나님은 분명히 우리를 도우십니다. 하나님은 우리를 축복하십니다. 하나님은 우리를 지키십니다. 하나님은 우리를 사랑하십니다. 하나님은 우리를 위해서 못하실 일이 없으십니다. 그러나 모든 문제를 해결해 주지는 않습니다. 우리가 희망하는 대로 해주지도 않습니다. 그분은 때때로 우리를 위해서 고난을 주기도 하시고, 사랑하기 때문에 채찍을 가하기도 합니다. 능히 우리를 지키실 수 있지만 지켜 주지 않는 것이 하나님의 최선일 때도 있습니다.

그러기 때문에 우리의 신앙이 하나님 이외에 다른 것에 토대를 두면 고통과 슬픈 일을 만날 때 버틸 수 없습니다. 오직 하나님 한 분에게만 신앙의 근거를 두어야 모든 상황을 이겨내는 신앙의 능력을 경험할 수 있지, 물질적 토대 위에 선 신앙으로는 고통과 슬픔이 끊이지 않는 삶의 질곡과 예상치 못한 재난을 만나게 되는 현실을 버텨낼 수 없습니다.

생명적 관계

하나님과 우리 사이의 관계는 생명적 관계입니다. 독생자 예수 그리스도의 생명을 희생양으로 삼아 일구어낸 생명적 관계요, 우리를 죽음에서 살려낸 생명적 관계입니다. 또 하나님과 나와의 관계는 절대적인 관계입니다. 이 세상에 그 어떤 것도 그분과 나 사이에 낄 수 없고, 그분과 나와의 관계를 변화시킬 수 없습니다. 그런데 사단은 지금 이 시간에도 쉬지 않고 하나님과 우리의 관계를 물질적인 관계로 변질시키려 하고 있습니다.

우리의 신앙을 물질적 토대 위에 세우려 하고 있습니다. 그러나 생명적 관계는 결단코 물질적 관계로 변질되어서는 안 됩니다. 절대로 그래서는 안 되기 때문에 하나님은 사단과 내기를 하면서까지 사단의 기만을 박살내신 것입니다. 신앙은 결코 물질적 축복에 기초하지 않는다는 것을 만천하에 보여 주신 것입니다.

결국, 하나님이 사단과의 내기를 통해서 말씀하고자 하는 핵심은 이것입니다. "참 신앙은 오직 하나님의 터 위에 서는 것이다." 그래요. 하나님의 터 위에 서지 않는 신앙은 다 거짓입니다. 사람의 욕심이요 종교심에 지나지 않는 것입니다. 참 신앙은 오직 하나님의 터 위에 서야 합니다.

욥의 무너짐과 하나님의 승리

욥의 무너짐에서 발견할 수 있는 놀라운 역설이 있습니다. 욥은 비록 모든 축복을 잃어 버리고 망가진 인생 앞에서 신음하고 있었지만, 하나님은 승리하셨다는 사실입니다. 욥에게는 너무나 큰 재앙이었고 바다 모래보다 더 무거운 고통의 짐이었지만 신앙이 무엇인지, 하나님이 어떤 분이신지를 제대로 밝혀서 엉뚱한 오해를 하지 않도록 속시원하게 풀어헤치는데 있어서는 꼭 필요한 신앙의 진검 승부였습니다.

그렇습니다. 욥의 아픔과 고통은 결코 허무한 것이 아니었습니다. 하나님을 잘못 믿은 것 때문에 받아야 할 저주가 아니었습니다. 신앙의 진정성을 증거하기 위해 꼭 필요했던 하나님의 선택이었고 섭리였습니다.

오늘도 그런 일은 얼마든지 있을 수 있습니다. 하나님의 필요 때문에 누군가가 시련을 당하고 있는지 모릅니다. 하나님의 의를 위해서 누군가는 불의에 내동댕이쳐지고 있는지도 모릅니다. 혹 압니까? 하나님께서 누군가에게 들려주실 이야기가 있어서 당신에게 큰 아픔을 주시는지. 알 수 없습니다.

쉽게 판단할 일이 아닙니다. 그러므로 우리는 우리 앞에 벌어지는 일들에 대해 일희일비 할 것이 아니며, 축복이니 저주니 하면서 쉽게 판단할 일도 아닙니다. 하나님이 하시는 일을 눈에 보이는 몇몇 사건들을 가지고 판단해서는 안 됩니다. 그렇게 하는 것은 하나님도 알지 못하고 신앙도 알지 못하는 매우 위험한 일이요 천박한 일입니다.

3장

하나님은 절대로 우리가 기대하는 대로 움직이시는 분이 아니십니다.

수학 공식처럼 단순하고 고정된 틀 속에

갇혀 계시는 분이 아니십니다.

하나님께서는 우리 이성의 레이더 망으로는

포착할 수 없는 분이십니다.

"내가 이 모든 것을 내 눈으로 똑똑히 보고, 내 귀로 다 들어서 안다. 너희가 아는 것만큼은 나도 알고 있으니, 내가 너희보다 못할 것이 없다. 그러나 나는 전능하신 분께 말씀드리고 싶고, 하나님께 내 마음을 다 털어놓고 싶다. 너희는 무식을 거짓 말로 때우는 사람들이다. 너희는 모두가 돌팔이 의사나 다름없다. 입이라도 좀 다물 고 있으면, 너희의 무식이 탄로 나지는 않을 것이다. 너희는 내 항변도 좀 들어보아 라. 내가 내 사정을 호소하는 동안 귀를 좀 기울여 주어라. 너희는 왜 허튼 소리를 하느냐? 너희는 하나님을 위한다는 것을 빌미삼아 알맹이도 없는 말을 하느냐? 법 정에서 하나님을 변호할 셈이냐? 하나님을 변호하려고 논쟁을 할 셈이냐? 하나님이 너희를 자세히 조사하셔도 좋겠느냐? 너희가 사람을 속이듯 그렇게 그분을 속일 수 있을 것 같으냐? 거짓말로 나를 고발하면 그분께서 너희의 속마음을 여지없이 폭로 하실 것이다. 그분의 존엄하심이 너희에게 두려움이 될 것이며, 그분에 대한 두려움 이 너희를 사로잡을 것이다. 너희의 격언은 한낱 쓸모없는 잡담일 뿐이고, 너희의 논쟁은 흙벽에 써놓은 답변에 불과하다. 이제는 좀 입을 다물고 내가 말할 기회를 좀 주어라. 결과가 어찌 되든지 그것은 내가 책임지겠다. 나라고 해서 어찌 이를 악 물고서라도 내 생명을 스스로 지키려 하지 않겠느냐? 하나님이 나를 죽이려고 하셔 도 나로서는 잃을 것이 없다. 그러나 내 사정만은 그분께 아뢰겠다. 적어도 이렇게 하는 것이 내게는 구원을 얻는 길이 될 것이다. 사악한 자는 그분 앞에 감히 나서지 도 못할 것이다. 너희는 이제 내가 하는 말에 귀를 기울여라. 내가 하는 말을 귀담아 들어라. 나를 좀 보아라. 나는 이제 말할 준비가 되어 있다. 내게는 내가 죄가 없다 는 확신이 있다. 하나님, 나를 고발하시겠습니까? 그러면 나는 조용히 입을 다물고 죽을 각오를 하고 있겠습니다"(욥기 13:1-19).

3장 욥과 친구들의 신앙 논쟁

욥이 당한 대재앙은 하늘의 논쟁으로 끝나지 않았습니다. 욥이 왜 이런 끔찍한 재앙을 당했는지에 대해 땅에서도 치열한 논쟁이 벌어졌습니다. 바로 친구들과의 논쟁입니다. 이 논쟁의 핵심은 욥이 졸지에 엄청난 재앙을 만난 것이 무엇 때문이냐 하는 거였습니다. 욥기의 거의 전부가 이 논쟁으로 채워져 있을 만큼 욥과 친구들의 논쟁은 한 치의 양보도 없는 긴긴 논쟁이었습니다.

이 논쟁은 아직도 기독교 신앙의 뜨거운 감자입니다. 여전히 혼돈 가운데서 팽팽한 줄다리기를 계속하고 있습니다. 아마 주님 오시는 날까지 이 줄다리기는 결코 중단되지 않을 것입니다. 그럼, 아직도 진행중인 이 치열한 논쟁에 참여해 볼까요?

친구들의 방문

세상에 소문보다 빠른 것은 없습니다. 더욱이 성공했다는 소문보다는 망했다는 소문이 훨씬 빠른 법이지요. 욥이 재앙의 깊은 웅덩이에 빠져 몰락했다는 소문 역시 삽시간에 귀에서 귀로 전해졌습니다. 충격적인 소문을 들은 친구들은 믿을 수 없다는 듯 지체 없이 달려왔습니다. 와서 보니 생각했던 것보다 훨씬 비참했습니다.

욥의 몰골이 얼마나 형편없이 무너졌던지 멀리서 보고서는 욥인 줄 알아보지 못할 정도였습니다. 마을 입구의 잿더미에 누군가 앉아 있는데, 그 몰골이 거지 중에 상거지요 저주받은 사람 중에 저주받은 사람의 몰골이라 한참 뒤에야 욥인 줄 알고 차마 슬픔을 이길 수 없어 소리 내어 울면서 겉옷을 찢고 티끌을 머리에 뒤집어쓴 채로 밤낮 칠일 동안을 욥과 함께 땅바닥에 주저앉아 있어야 했습니다. 욥이 당하는 고통이 너무 처참해서 감히 한 마디 말도 건넬 수가 없었습니다.

욥의 호소

그때 욥의 말이 시작됩니다. 처음에는 졸지에 만난 재앙에도 불구하고 입술로 범죄하지 않고 여호와의 이름을 찬양했던 욥이 3장에 가면 완전히 변합니다. 욥의 입에서 터져 나오는 소리마다 어둡고 비관적인 탄식과 저주로 일관하고 있습니다.

"나의 난 날이 멸망하였더라면, 그 날이 캄캄하였더라면, 하나님이 위에서 돌아보지 마셨더라면, 빛도 그 날을 비취지 말았더라면, … 그 밤에 새벽 별들이 어두웠더라면, 그 밤이 광명을 바랄지라도 얻지 못하며 동틈을 보지 못하였었더라면 좋았을 것을"(3:3-9, 개역)이라며 생명에 대해 원초적으로 부정하고 있습니다.

"어찌하여 내가 태에서 죽어 나오지 아니하였던가? 어찌하여 내 어미가 낳을 때에 내가 숨지지 아니하였던가? 어찌하여 무릎이 나를 받았던가? 어찌하여 유방이 나로 빨게 하였던가? 그렇지 아니하였던들 이제는 내가 평안히 누워서 자고 쉬었을 것이니"(3:11-13, 개역)라면서 태어나는 날 죽지 못한 것을 탄식하고 있습니다.

지금 자신은 평강도 없고 안식도 없고, 끝없는 두려움뿐이라고 말하면서 죽음 외에는 소망이 없다고 고백하기에 이릅니다. "이러한 자는 죽기를 바라도 오지 아니하니 그것을 구하기를 땅을 파고 숨긴 보배를 찾음보다 더하다가 무덤을 찾으면 심히 기뻐하고 즐거워하나니"(3:21-23, 개역). 욥은 지금 절망의 늪에서 허우적거리고 있습니다. 고통의 극점에서 신음하고 있습니다. 실오라기 하나도 붙잡을 것이 없습니다. 죽음 외에는 더 이상 붙잡고 버틸 뭔가가 없습니다.

친구들의 충고

욥이 처절한 절망과 저주 섞인 탄식의 소리를 퍼붓자 친구들이 조심스럽게 말문을 엽니다. 친구 중의 한 사람인 엘리바스가 먼저 말문을 열었습니다.

"한번 생각해 보아라. 죄 없이 벌 받는 자가 누구인가? 정직한 자가 망한 자가 어디 있는가? 사람들이 죄악의 밭을 갈아 악을 씨 뿌리듯 하지만 결국 그들은 심은 대로 거둔다"(4:7-9, 현대인의 성경). 17절에서는 "인생이 어찌 하나님보다 의롭겠느냐? 사람이 어찌 그 창조하신 이보다 성결하겠느냐?"라고 지당한 말을 합니다.

이 말은 그냥 듣기에는 백 번 지당한 말인데 이 상황에서는 전혀 의미가 다른 말이 됩니다. 어떻게 되느냐 하면, 네가 아무리 성결하고 의롭게 살았다 하더라도 분명히 하나님에게 매 맞을 짓을 한 게 있을 거라는 이야기입니다. 그렇지 않고서야 어찌 이런 엄청난 재앙이 닥쳤겠느냐는 겁니다.

엘리바스는 이 모든 불행의 원인이 결국은 욥 자신에게서 나온 것이라고 말합니다. "불행은 흙에서 나온 것이 아니며 고난도 땅에서 싹튼 것이 아니다. 불에서 불티가 날아오르는 것처럼 인생은 스스로 불행을 초래하고 있다"(5:6-7, 현대인의 성경).

어때요? 구구절절이 일리가 있는 말이지요? 엘리바스의 말대로 인생은 다 연약하고 허물이 있습니다. 하나님 앞에서 깨끗하다고 말할 사람은 아무도 없습니다. 인생을 살펴보면 다른 사람 때문에 망하는 것이 아니라 자기 스스로의 잘못과 어리석음, 불의함 때문에 망하는 경우가 대부분입니다. 조금만 정신을 차리면 멸망의 구렁텅이에서 빠져나올 기회가 있는데도 불구하고 나오지 않다가 결국 인생을 망치고 나서야 잘못 살았다고 후회하는 사람들이 얼마나 많습니까. 엘리바스의 말이 백 번 옳습니다.

엘리바스의 권면

엘리바스는 이와 같은 인식의 토대 위에서 욥에게 신앙적인 권면을 합니다. "내가 만일 너 같으면 나는 하나님을 찾아 나의 모든 문제를 그분에게 맡기겠다. 하나님은 우리가 이해할 수 없는 놀라운 일을 행하시고 기적도 수없이 행하시며 땅에 비를 내리시고 밭에 물을 보내신다. 그리고 겸손한 자를 높이시고 슬퍼하는 자를 안전한 곳으로 인도하시는 분도 하나님이시다"(5:8-11, 현대인의 성경).

권면은 계속됩니다. 하나님은 아픔도 주시지만 상처를 싸매시고 치료해 주시는 분, 불행과 재난에서 구해 주실 분, 모든 위험 가운데서 능히 보호해 주실 분이라고 말하면서 "나는 오랜 연구 끝에 이 모든 것이 사실임을 알게 되었다. 내 충고를 귀담아 두면 너에게 유익이 될 것이다"(5:27, 현대인의 성경) 하며 일차 권면을 끝냅니다. 참으로 기가 막힌 신앙적 권면입니다. 은혜가 됩니다.

그러나 곰곰이 살펴보면 이면에 엄청난 비난이 숨어 있는 것을 발견할 수 있습니다. 권면의 서두는 이렇게 시작됐습니다. "나 같으면 하나님을 찾아서 내 사정을 하나님께 털어 놓겠다"(5:8). 여러분! 이게 무슨 말입니까? 엘리바스는 지금 욥을 비난하고 있는 것입니다. 지금 욥이 하는 행동은 하나님을 의지하지 않는 행동이라는 것입니다. 욥이 그런 식으로 악다구니를 하는 것은 교만한 짓이라는 것입니다. 자기 같으면 이런 상황에서 두 손 들고 하나님께 항복하고 엎드릴 텐데 너는 왜 그러지 않느냐고 힐난하는 것입니다.

빌닷의 충고

빌닷은 하나님이 공의의 하나님이요 실수가 없으신 분이라고 말합니다. 하나님은 결코 잘못 심판하실 리가 없는 분이라고 말합니다(8:3-4). 맞습니다. 하나님은 실수가 없으신 분입니다. 그런데 빌닷은 하나님의 공의로우심과 실수가 없으심을 내세워서 욥을 공격하고 있습니다. 하나님은 공의로운 분이시기 때문에 욥이 받고 있는 형벌은 받아 마땅한 벌임에 틀림없다는 겁니다. 욥이 억울해 할 만한 실수는 하지 않는다는 겁니다. 그러니 어서 빨리 회개하라고 촉구합니다(8:5).

뿐만 아니라 빌닷은 왕골과 갈대에 대한 조상들의 교훈을 인용하면서 지난날 욥의 번창함이 사실은 하나님의 축복이라기보다는 허무하기 짝이 없는 악인의 창대함이었다고 비난하기도 합니다(8:10-20). 그러면서 엘리바스처럼 신앙적인 권면을 빼놓지 않습니다.

"네가 만일 하나님을 부지런히 구하며 전능하신 이에게 빌고 또 청결하고 정직하면 정녕 너를 돌아보시고 네 의로운 집으로 형통하게 하실 것이라. 네 시작은 미약하였으나 네 나중은 심히 창대하리라"(8:6-7, 개역).

아, 이 말씀. 교회에서 얼마나 자주 써먹는 말씀입니까? 너무너무 위로가 되고 소망이 되는 말씀이라 장사하는 사람은 이 말씀을 가게에 걸어 놓기도 하고, 교회에서도 선물로 뭘 줄 때 즐겨 사용하는 성구이기도 합니다. 그러나 욥기의 맥락에서 보면 이건 소가 웃을 일입니다.

소발의 충고

소발도 마찬가지입니다. 소발은 11장에서 하나님의 벌하심이 욥이 범한 죄에 비하면 너무 가벼운 것이라고 말합니다. 하나님은 얼마나 마음이 좋으신지 욥이 범한 대로 보응하지 않으시고 훨씬 가볍게 징벌하셨다고 말합니다.

"너는, 하나님이 네게 내리시는 벌이 네 죄보다 가볍다는 것을 알아야 한다"(11:6). 욥이 들으면 정말이지 땅을 치며 통곡할 이야기입니다. 욥이 당한 재앙이 죄에 비해 훨씬 가벼운 것이라니. 이 얼마나 무서운 말입니까? 이 얼마나 잔인한 말입니까? 그런데 그렇게 잔인한 말을 하면서도 또 빼놓지 않습니다.

"네가 마음을 바르게 먹고 네 팔을 그분 쪽으로 들고 기도하며 악에서 손을 떼고 네 집안에 불의가 깃들지 못하게 하면 아마 부끄러움 없이 얼굴을 들 수 있다. 네 마음이 편안해져서 두려움이 없어질 것이다. 이제 네게 희망이 생기고 너는 확신마저 가지게 될 것이다. 사방을 둘러보아도 걱정할 것이 없어서 안심하고 자리에 누울 수 있게 될 것이다"(11:13-15, 17-18, 현대인의 성경).

친구들의 충고에 대한 욥의 반응

친구들의 권면은 밑도 끝도 없는 이야기가 아닙니다. 다들 하나님이 어떤 분이신지에 근거하여 나름대로 일리가 있는 말을 하고 있습니다. 흠을 찾기가 어려울 정도입니다. 아무리 생각해도 백 번 맞는 말 같아 보입니다. 매우 은혜스럽고 소망스럽기까지 합니다. 그런데 정작 당사자인 욥은 이들의 말에 전혀 위로를 받지 못합니다.

욥의 반응을 살펴봅시다. 욥은 친구들의 말을 이렇게 혹평합니다. "너희는 거짓말을 지어내는 자요 아무데도 쓸모없는 돌팔이 의사에 불과하다" (13:4, 현대인의 성경). 욥은 친구들을 제대로 진단도 할 줄도 모르고 자칫 사람을 죽이기도 하는 돌팔이 의사에 비유하고 있습니다. 친구들이 이러쿵저러쿵 말은 그럴 듯하게 늘어놓고 있지만 욥이 볼 때는 유치해서 못 듣겠다는 것입니다. 하나님의 진리도 모르고, 고난의 깊이도 모르고, 인생의 오묘함도 모르는 영적인 풋내기에 불과하다는 것이 친구들에 대한 욥의 반응입니다.

계속해서 욥은 말합니다. "자네들의 좌우명은 재와 같이 아무 데도 쓸데없고 자네들의 주장은 무너지기 쉬운 흙더미에 불과하다"(13:12, 현대인의 성경). 여기서는 친구들의 권고를 재와 흙더미로 비유하고 있습니다. 그들의 주장이 얼마나 가볍고 쓸모가 없는지 고난의 찬바람이 불어오고 시련의 폭우가 쏟아지면 날아가고 무너져 내릴 재와 흙더미와 같다는 것입니다. 이건 사실이었습니다. 그들의 권면이 욥에게 전혀 도움이 되지 못했습니다. 고난을 참고 인내하며 승리할 수 있게 해주는 버팀목이 되지 못했습니다.

욥은 친구들의 권면을 듣고 마음을 돌이키기는커녕 자신의 결백을 쉬지 않고 주장합니다. "그러할지라도 내가 오히려 위로를 받고 무정한 고통 가운데서도 기뻐할 것은 내가 거룩하신 이의 말씀을 거역지 아니하였음이니라"(6:10, 개역). "내 일이 의로우니라. 내 혀에 어찌 불의한 것이 있으랴. 내 미각이 어찌 궤휼을 분변치 못하랴"(6:29-30, 개역).

이처럼 욥은 하나님께 벌 받을 만한 죄를 범하지 않았다고 항변합니다. 친구들이 지금 의롭고 흠 없는 자신을 비웃고 있다고 당당하게 말합니다(12:4). 더 나아가 친구들에게 자기 죄를 말하라고 도전합니다. "어디, 알아듣게 말 좀 해 보아라. 내가 귀 기울여 듣겠다. 내 잘못이 무엇인지 말해 보아라"(6:24).

심지어 하나님께조차 자기의 결백을 호소합니다. "내가 하나님께 말하리라. 하나님이시여, 나를 죄인으로 단정하지 마시고 무엇 때문에 나를 죄인 취급하시는지 말씀해 주소서"(10:2, 현대인의 성경). 모든 것을 다 아시는 하나님께 자기 죄가 있다면 말해 달라고 대들 정도로 욥은 하나님 앞에서까지도 당당했습니다.

그러면서 욥은 이렇게 말합니다. "나는 내가 옳다는 것을 알고 있기 때문에 내 사정을 말하려고 한다. 이 문제에 대해서 나와 논쟁할 자가 누구냐? 너희가 만일 내 잘못을 입증할 수 있다면 나는 조용히 죽고 말겠다"(13:18-19, 현대인의 성경).

이게 무슨 말입니까? 막연히 죄 때문이라고 말하지 말고 구체적으로 무슨 죄 때문에 내가 이렇게 벌 받는 것인지 말하라는 것입니다. 증명해 보라는 것입니다. 만일 어떤 죄 때문에 이런 고통을 당하는 것인지 증명만 한다면 자기는 더 이상 악다구니 하지 않고 조용히 죽고 말겠다는 것입니다. 이 말을 뒤집으면 이렇게 됩니다. '나, 욥은 정말이지 하나님께 이런 대접을 받을 만한 죄를 짓지 않았다' 가 됩니다.

그 동안 욥은 자기가 하나님께 징벌을 받을 만한 죄를 지은 일이 있는지 자기 생활을 돌아보았을 것입니다. 그러나 어떤 단서도 발견할 수 없었습니다. 아무리 생각해 보고 또 생각해 봐도 이처럼 엄청난 벌을 받을 만한 죄를 발견할 수가 없었습니다. 그런데 친구들이 하는 말은 한결같습니다. 죄 때문이라는 것입니다. 아니 땐 굴뚝에 연기가 나겠느냐는 것입니다. 이것이 욥과 친구들 사이에 건널 수 없는 강이었습니다. 그러니 친구들의 권면이 도움이 되겠습니까? 아무런 도움이나 위로가 되지 못했습니다.

동시에 죄인임을 인정하는 욥

욥은 쉬지 않고 자신의 결백을 주장했습니다. 그러나 그렇다고 해서 자기가 전혀 죄 없는 사람이라고 주장하는 오류를 범하지도 않았습니다. 욥은 자기가 죄인임을 고백합니다. "어찌하여 주님께서는 내 허물을 용서하지 않으시고, 내 죄악을 용서해 주지 않으십니까?"(7:21). "욥이 대답하여 가로되 내가 진실로 그 일이 그런 줄을 알거니와 인생이 어찌 하나님 앞에 의로우랴. 사람이 하나님과 쟁변하려 할지라도 천 마디에 한 마디도 대답지 못하리라"(9:1-3, 현대인의 성경).

이런 고백으로 보건대 욥에게 있어서 문제는 자기가 죄인이냐 아니냐 하는 게 아니었음이 분명합니다. 그는 자기가 죄인이라는 사실을 잘 알고 있었습니다. 의인은 없나니 하나도 없다는 사실쯤은 욥도 익히 알고 있는 사실입니다. 문제의 핵심은 좀 다른 데 있습니다. 욥이 당하는 끔찍한 재앙이 마땅히 당해야 할 어떤 이유가 있는 것이냐 하는 문제입니다. 친구들의 주장처럼 정말 죄 때문이냐 하는 것입니다. 이에 대해서 욥의 답변은 분명합니다. 이런 시련을 당해야 할 죄가 없다는 것입니다. 죄인이 아니라는 게 아니라 벌 받을 죄를 짓지 않았다는 것입니다.

누구의 주장이 맞는가

그렇다면 누구의 말이 맞는 겁니까? 욥의 주장이 맞습니까? 친구들의 주장이 맞습니까? 우리의 신앙적 상식과 교회적인 잣대로 판단해 본다면 친구들의 주장이 백 번 맞습니다. 오늘의 교회를 들여다 보아도 욥의 주장이 아니라 친구들의 주장이 활개를 치고 있습니다. 교회에서 하는 말을 들어보면 친구들이 주장했던 이야기와 조금도 다르지 않습니다. 그러나 모든 판결의 최종적인 권위자인 하나님의 판결은 다릅니다. 하나님의 판결을 들어봅시다.

"주님께서는 욥에게 말씀을 마치신 다음에 데만 사람 엘리바스에게 이렇게 말씀하셨다. 내가 너와 네 두 친구에게 분노한 것은 너희가 나를 두고 말을 할 때에 내 종 욥처럼 옳게 말하지 못하였기 때문이다. 그러므로 이제 너희는 수송아지 일곱 마리와 숫양 일곱 마리를 마련하여 내 종 욥에게 가지고 가서 너희가 용서받을 수 있도록 번제를 드려라. 내 종 욥이 너희를 용서하여 달라고 빌면, 내가 그의 기도를 들어 줄 것이다. 너희가 나를 두고 말을 할 때에 내 종 욥처럼 옳게 말하지 않고 어리석게 말하였지만 내가 그대로 갚지는 않을 것이다"(42:7-8).

하나님은 여기서 욥과 친구들의 논쟁에 대해 최종적인 평가를 내리고 계십니다. 욥의 주장이 옳았다고, 하나님이 하시는 일에 대한 친구들의 주장은 어리석은 것이었다고.

그렇다면 친구들의 주장이 왜 정당하지 못한 것인지 추적해 봐야 하지 않겠습니까? 친구들의 주장이 왜 정당하지 못한 것인지 그 부분을 밝히기 위해서 욥기가 기록되었다고 해도 과언이 아닐 만큼 이 부분은 욥기의 핵심 포인트(Point)입니다. 그러기 때문에 왜 친구들의 권면이 정당하지 못한 것인지, 어떤 면에서 하나님을 오해하고 있는지를 반드시 밝혀내야 합니다. 그래야 욥기를 제대로 읽었다고 할 수 있습니다.

진실로 재앙은 죄 때문인가

친구들의 주장이 백 번 정당해 보이는데도 불구하고 하나님께서는 왜 어리석다고 하시는지 알아보기 위해서는 그 말을 뒤집어 보면 됩니다. 그러면 그들의 주장이 진실에 기초하고 있지 않다는 것을 금방 알 수 있습니다. 친구들의 주장은 이랬습니다. '네가 재앙을 만난 것은 죄 때문이다. 죄가 없다면 이런 비극적인 일은 일어나지 않는다.'

여러분, 이 주장을 뒤집으면 어떻게 됩니까? '세상에서 부귀영화를 누리고 모든 일이 잘 풀리는 사람은 죄가 없기 때문이다. 축복받을 만하니까 축복을 받는 것이다.' 이렇게 되겠지요? 그렇다면 이게 과연 사실일까요? 그렇습니까? 여러분! 전혀 아닙니다. 인생의 현실을 보면 악한 자가 성공하고, 괜찮은 사람이 고난을 받는 일들이 다반사로 일어나고 있습니다.

욥은 말합니다. "강도의 장막은 형통하고 하나님을 진노케 하는 자가 평안하니 하나님이 그 손에 후히 주심이니라"(12:6, 개역). 시편 73편에서도 욥이 발견한 모순이 나옵니다. "하나님이 참으로 이스라엘 중 마음이 정결한 자에게 선을 행하시나, 나는 거의 실족할 뻔하였고 내 걸음이 미끄러질 뻔하였으니, 이는 내가 악인의 형통함을 보고 오만한 자를 질시하였음이로다. 저희는 죽는 때에도 고통이 없고 그 힘이 건강하며, 타인과 같은 고난이 없고 타인과 같은 재앙도 없나니"(시 73:1-5, 개역).

이것이 시인의 눈에 비친 현실이었습니다. 이렇게 모순으로 가득한 현실을 보면서 시인은 고백합니다. "내가 내 마음을 정히 하며 내 손을 씻어 무죄하다 한 것이 실로 헛되도다. 나는 종일 재앙을 당하며 아침마다 징책을 보았도다"(시 73:13-14, 개역).

여러분! 이게 엄연한 인생 현실입니다. 이 세상은 욥의 친구들이 말하는 대로 움직이지 않습니다. 악인은 재앙을 만나 멸망하고 의인은 하나님의 축복으로 만사가 형통하지 않습니다. 그렇게 질서 있고 정확하게 움직이지 않습니다. 오히려 괜찮은 사람이 일찍 죽고, 일찍 죽어야 마땅한 사람은 장수합니다. 정말 축복받아야 할 사람은 고난을 당하고, 고난을 당해야 할 사람은 고생을 모르고 사는 경우가 있습니다. 그러기 때문에 선을 행하다가도 낙심될 때가 많은 것이 인생 현실입니다.

우리가 경험하는 인생은 진실로 모순투성이입니다. 때문에 욥은 친구들의 주장이 거짓이요, 알맹이도 없는 허튼 소리라고 말한 것입니다. "너희는 왜 허튼 소리를 하느냐? 너희는 하나님을 위한다는 것을 빌미삼아 알맹이도 없는 말을 하느냐?"(13:7). 그렇습니다. 친구들의 주장은 명백한 거짓입니다. 전혀 비현실적인 허무맹랑한 이야기입니다.

그러면 하나님이 악인은 망하게 하시고 의인은 형통케 하시는 것이 사실이 아니란 말입니까? 아닙니다. 그것도 역시 사실입니다. 시편 1편과 신명기 28장을 비롯해서 수많은 성경 말씀이 악인의 길은 망하고 의인의 길은 형통한다고 말합니다. 이런 약속은 성경에 헤아릴 수도 없을 만큼 많이 나옵니다. 그런 면에서 볼 때 친구들의 주장이 틀렸다고 할 수 없습니다. 하나님은 분명히 악인은 망하게 하시고 의인은 형통케 하십니다. 그러나 또 한편 하나님의 말씀과는 다르게 악인이 형통하고 의인이 고난받는 일도 역시 허다합니다.

그러면 어떻게 되나요? 시편 1편이나 신명기 28장의 말씀은 진리가 아니란 말입니까? 아닙니다. 진리입니다. 100% 하나님의 말씀입니다. 그러나 동시에 욥의 친구들의 말이 정당하지 못하다는 것도 100% 하나님의 말씀입니다. 어떻습니까? 상당히 헷갈리지요? 고민스럽지요? 이 모순을 어떻게 해결해야 하겠습니까? 악인은 망하게 하시고 의인은 형통케 하시는 것이 하나님의 뜻인 것은 분명한데, 우리가 살아가는 인생 현실은 이 뜻과는 다르게 나타나는 일이 많으니 이 모순을 어떻게 이해해야 한단 말입니까?

시편 73편이 그 해답을 보여 줍니다. "내가 이 얽힌 문제를 풀어 보려고 깊이 생각해 보았으나, 그것은 내가 풀기에는 너무나 어려운 문제였습니다. 그러나 마침내 하나님의 성소에 들어가서야 악한 자들의 종말이 어떻게 되리라는 것을 깨닫게 되었습니다. 주님께서 그들을 미끄러운 곳에 세우시며, 거기에서 넘어져서 멸망에 이르게 하십니다. 그들이 갑자기 놀라운 일을 당하고, 공포에 떨면서 자취를 감추며, 마침내 끝장을 맞이합니다. 아침이 되어서 일어나면 악몽이 다 사라져 없어지듯이, 주님, 주님께서 깨어나실 때에 그들은 한낱 꿈처럼 자취도 없이 사라집니다"(시 73:16-20).

이 말씀에 의하면 시인은 악인이 형통하고 의인이 고난을 받는 이 오류, 이 모순된 현실을 이해하기까지 무척 힘들었다고 고백합니다. 그러나 결국 이해하게 되었습니다. 언제 깨달았습니까? 하나님의 성소에 들어갔을 때 깨달았습니다. 하나님 나라에 들어가서야 그렇게 떵떵거리고 평안을 누리던 악인이 순식간에 망하고 끔찍한 종말에 이르더라는 비밀을 알게 되었습니다. 시편 1편, 신명기 28장의 말씀이 거짓이 아니라는 것을 알게 되었습니다. 그걸 알고 나니 그때서야 모든 의문이 풀렸습니다. 악인이 이 땅에서 형통하고 평안을 누리는 것 때문에 하나님을 원망하지 않을 수 있게 되었습니다. 의롭게 사는 것이 결코 헛된 것이 아니라는 것을 알게 되었습니다.

그렇습니다. '의인은 형통하고 악인은 망하리라'는 말씀은 100% 진실한 하나님의 약속입니다. 그러나 우리가 잊지 말아야 할 것이 있습니다. 우리가 이 땅에 사는 동안에 100% 실현되지는 않는다는 사실입니다. 어떤 경우에는 이 땅에서 축복을 받기도 하지만, 축복을 받지 못할 수도 있습니다. 그건 하나님이 불공평해서가 아닙니다. 이 사람은 더 사랑하고, 저 사람은 덜 사랑해서도 아닙니다. 전능하신 하나님께서 다 아서서 각 사람에게 필요한 대로 인도하실 뿐입니다. 그것은 전적으로 하나님의 자유로운 지혜에 속하는 일입니다. 우리로서는 알 수 없는 영역입니다. 각 사람을 최선의 길로 인도하시는 하나님의 지혜라고 믿는 것 외에는 달리 해답이 없습니다.

눈에 보이는 것으로 판단하는 잘못

그런데 욥의 친구들은 '의인은 형통케 하시고 악인은 망하게 하시리라'는 하나님의 말씀을 너무 좁고 단순하게 적용했습니다. 하나님의 말씀이 이 땅에서 말씀 그대로 실현되어야만 하는 것으로 생각했습니다. 즉각적인 결과로 나타나야만 하는 것으로 생각했습니다.

그러나 하나님은 결코 이 땅에서 신앙의 결산을 하지 않으십니다. 신앙의 결산은 이 땅이 아니라 하나님 나라에서 이루어집니다. 믿음의 장으로 유명한 히브리서를 보세요. "이 사람들은 모두 믿음을 따라 살다가 죽었습니다. 그들은 약속하신 것을 받지는 못했지만, 그것을 멀리서 바라보고 반겼으며, 땅에서는 길손과 나그네 신세임을 고백하였습니다. … 이 사람들은 모두 믿음으로 말미암아 훌륭한 사람이라는 평판은 받았지만, 약속된 것을 받지는 못하였습니다"(히 11:13, 39).

이들은 하나 같이 약속된 것을 이 땅에서는 받지 못했습니다. 현세적인 축복을 전혀 누리지 못했을 뿐만 아니라 하나님을 믿는 것 때문에 고난만 받다가 죽었습니다. 욥은 나중에 두 배의 축복이라도 받았지만 이들은 수많은 시험과 환란 가운데서 살다가 죽었습니다. 죽음마저도 칼에 찢기고 톱으로 켬을 당하면서 비참하게 죽었습니다. 그런데도 이들은 참고 인내하며 믿음을 지켰습니다. 무슨 비결이 있었던 걸까요? 아닙니다. 믿음이 대단해서도, 의지가 대단해서도 아닙니다. 이들이 믿음을 지킬 수 있었던 비결은 오직 하나입니다. 눈앞에 나타나는 물증에 근거해 하나님을 신뢰한 것이 아니라 약속을 이루실 하나님을 신뢰했다는 것 외에는 다른 비결이 없었습니다.

이들은 신앙의 결말을 눈에 보이는 것으로 판단하는 오류에 빠지지 않았습니다. 만일 이 땅에서 신앙의 결말을 보고자 했다면 이들도 역시 신앙을 지키지 못했을 것입니다. 눈에 보이는 것으로 하나님의 사랑을 판단하고자 했다면 이들도 신앙을 지키지 못했을 것입니다. 그런 신앙은 제아무리 열심이 대단하고 뜨거운 믿음이라 할지라도 언젠가 때가 되면 반드시 무너지게 되어 있습니다. 흥하면 더 이상 하나님이 필요하지 않으니 하나님을 떠날 것이고, 망하면 망한 것 때문에 하나님을 떠날 것입니다.

그런데 욥의 친구들은 신앙의 결과를 눈에 보이는 것으로 판단했습니다. 이것이 그들의 첫 번째 오류입니다.

하나님을 공식화하려는 잘못

친구들의 두 번째 오류는 하나님을 하나의 공식 속에 가두려고 했다는 점입니다. 욥은 자기에게 왜 이런 고난이 임하는지 그 이유를 알 길이 없어서 묻고 또 물었습니다. 탄식하고 또 탄식했습니다. 그런데 욥의 친구들은 어떻게 했습니까? 자기들이 믿는 공식으로 욥의 고난을 해석했습니다. 그것도 아주 간단하게, 그리고 아주 명확하게 해석했습니다. 죄 때문이라고 말입니다.

미국의 샌프란시스코 신학대학장인 도날드 맥컬로우는 「하찮아진 하나님」이란 책에서 이런 말을 했습니다. "살다 보면 고난의 시기가 있기 마련이다. 우리는 그것을 피할 수 없다. 하지만 거기에는 어떤 이유가 있다. 그 이유는 우리가 시련을 겪기 전에도, 시련을 겪는 중에도 알 수 없다. 다만 우리가 그 시련을 극복한 뒤에야 왜 그런 시련이 있었는지 알 수 있다."

그렇습니다. 하나님은 때가 되기 전에는 말씀을 잘 안 하십니다. 그러기 때문에 아무리 지혜가 있고 믿음이 좋다고 하더라도 때가 되기 전에는 왜 이런 시련을 겪어야 하는지 그 이유를 알 수가 없습니다. 아무리 신령한 사람이라 하더라도 사정은 다르지 않습니다. 이건 신령하냐 신령하지 않느냐의 문제가 아닙니다. 하나님이 말씀하시기까지는 모르는 것이 정상입니다.

그런데 욥의 친구들은 자기들이 알고 있는 신앙 공식으로, 자기들이 경험했던 작은 체험으로 욥의 고난을 해석했습니다. 욥이 겪고 있는 고난은 자기들이 알고 있는 공식과는 맞지 않는데도 불구하고 자기들이 알고 있는 공식에다가 때려맞추는 억지를 부렸습니다. 하나님밖에 모르는 사실을 마치 다 아는 것처럼 확신을 가지고 말했습니다. 그러나 하나님보다 빨리 말하는 것은 매우 위험합니다. 하나님보다 더 정확하게 말하려고 하는 것도 위험천만한 일입니다. 우리는 하나님이 말씀하실 때까지는 침묵해야 합니다. 판단을 보류해야 합니다. 성급한 판단은 하나님의 뜻을 왜곡시킬 때가 많기 때문입니다.

하나님을 재구성하려는 잘못

욥의 친구들은 하나님을 하나의 공식에다 가두어 버리는 엄청난 실수를 범했습니다. 축복과 재앙이라고 하는 공식으로 하나님의 활동을 제한해 버린 채 다른 가능성에 대해서는 인정하려 들지 않았습니다. 이스라엘 역사에서도 그런 모습을 볼 수 있습니다. 이스라엘의 역사는 참 하나님을 버리고 우상을 섬기는 역사로 점철된 역사입니다. 애굽을 탈출한지 얼마 안 되었을 때부터 그랬습니다.

모세가 시내산에 올라간지 40일이 되도록 아무런 소식이 없자 그들은 참지 못하고 이내 금송아지를 만들었습니다. 왜 만들었습니까? 눈에 보이지도 않고 귀에 들리는 소리도 없는 영적인 하나님, 도무지 알 수 없는 하나님보다는 금송아지를 만들어서 옆에 놓고 '이 금송아지가 우리를 애굽에서 구원해주신 하나님이다' 라고 생각하는 것이 훨씬 더 하나님을 가까이 느낄 수 있을 것이라는 생각에서 만든 겁니다.

어려운 일이 생기면 금송아지를 보면서 '우리 하나님이 여기 계신다. 큰 나라 애굽도 물리치신 하나님인데 우리가 누구를 두려워하랴' 하며 위로를 얻고 힘을 얻을 수 있을 거라고 생각해서 만든 겁니다. 저들이 금송아지 형상을 만든 것은 자기들을 구해준 하나님을 버리려고 한 것이 전혀 아니었습니다. 오히려 하나님을 가까이 두고 필요할 때마다 하나님을 내세우기 위해서 만든 것입니다. 필요할 때면 언제든지 사용하기 쉽게 하려는 열심과 뜨거움으로 한 행동이었습니다.

오늘날에도 그런 작업은 쉬지 않고 되풀이되고 있습니다. 슈퍼맨처럼 내가 어려울 때면 어디선가 즉각 나타나서 나를 도와주시는 하나님, 질병이 생겼을 때 기도만 하면 치료해 주시는 하나님, 축복을 부어 주시고 성공을 보장해 주시는 하나님이기를 바랍니다. 이스라엘 백성들이 보이지도 않고 알 수도 없는 하나님보다는 옆에 있는 금송아지를 더 좋아한 것처럼 말입니다. 그래서 사람들은 자꾸만 하나님을 그런 하나님으로 만들어 갑니다. 하나님이 그런 분이라고 말하고, 또 그런 하나님이라고 믿습니다. 그런데 여러분,

바로 이것이 우상화요 종교화입니다.

하나님은 절대로 우리가 기대하는 대로 움직이시는 분이 아니십니다. 수학 공식처럼 단순하고 고정된 틀 속에 갇혀 계시는 분이 아니십니다. 하나님은 아주 헷갈리는 분이십니다. 우리 이성의 레이더망으로는 다 포착할 수 없는 분이십니다. 그런데 욥의 친구들은 하나님을 자기 손금 내려다 보듯 훤히 아는 것처럼 오만을 부렸습니다. 하나의 공식에다 때려 맞추는 억지를 부렸습니다.

아우슈비츠 수용소에서

소년시절에 아버지와 함께 아우슈비츠 수용소 생활을 하다가 다행히도 살아난 엘리 위젤이라는 유대인이 있습니다. 그가 아우슈비츠 수용소에 갇혀 있을 때 폴란드 출신의 노인 랍비가 함께 있었습니다. 이 랍비는 수용소 안이나 행렬 가운데서 항상 기도하고, 자기 혼자 질문하고 대답하면서 탈무드의 모든 문구를 암송하곤 했습니다.

그러던 어느 날 그 랍비는 엘리 위젤에게 말했습니다. "끝났다. 하나님은 더 이상 우리와 함께 하시지 않는다." 이 말을 하고 나서는 곧바로 그 말 한 것을 회개하기도 했지만 힘 없는 목소리로 한 마디를 덧붙이는 거였습니다.

"나는 인간이 이런 말을 할 권리가 없다는 것을 안다. 인간은 너무 작고, 비천하고, 하찮은 존재라서 하나님의 신비를 이해할 수 없지. 그러나 내가 어떻게 해야 되겠니? 나는 현자도 성인도 아니야. 나는 단지 육체와 피를 가진 보통의 피조물이야. 나는 내 눈으로 여기서 자행되는 짓들을 보고 있어. 자비하신 하나님은 어디 있나? 하나님이 어디 있어? 내가, 아니 어떤 사람이 자비의 하나님을 믿을 수 있겠나?"

이 랍비의 고백처럼 아우슈비츠 수용소는 어디를 보아도 하나님을 찾을
수 없는 그런 곳이었습니다. '하나님은 죽었다'는 니체의 광기서린 말 외에
세상의 모든 언어는 죽어야 마땅한 곳이었습니다. 그처럼 끔찍한 죄악과 동
물적 본성만이 미쳐 날뛰는 광란의 현장에서 과연 사랑과 자비의 하나님을
고백할 수 있을까요? 하나님은 살아 역사하신다고 노래할 수 있을까요? 불
의를 심판하지 못하는 무능력한 하나님께 분노하든지, 지금까지 경배했던
하나님을 저주하든지, 하나님을 부인하든지 해야 하지 않겠습니까? 그렇게
라도 하지 않으면 미쳐 버릴 것 같지 않습니까?

그러나 하나님이 슈퍼맨처럼 광란의 현장에 찾아오셔서 뒤집어엎지 않을
지라도, 눈에 보이는 도움의 손길이 없을지라도 하나님의 살아계심과 선하
심과 전능하심을 믿어야 합니다. 그게 신앙의 역설이고 신앙의 바보스러움
입니다.

참 신앙은 이 세상 우주 만물 가운데서 가장 확실한 두 가지를 붙잡습니
다. "하나님은 살아 계신다"는 것과, "하나님은 나와 온 세계를 사랑하신다"
는 사실입니다. 하나님이 말씀을 하시든지 안 하시든지, 축복을 주시든지
안 주시든지, 내 억울함을 풀어주시든지 안 풀어주시든지 이것은 변하지 않
는 진실입니다. "하나님은 살아계시며, 나와 세상을 사랑하신다"는 이 진실
은 천지가 변해도 결코 변치 않는 진실입니다.

그러기 때문에 우리가 신앙생활을 하면서 이것만은 꼭 기억해야 합니다.
하나님의 사랑을 하나의 공식을 가지고 재려 해서는 안 된다는 것입니다.
눈에 보이는 것으로 판단해서는 안 된다는 것입니다. 만일 하나님의 사랑을
내 잣대로 재거나, 눈에 보이는 것으로 판단하려 한다면 반드시 시험에 빠질
것입니다. 반드시입니다.

하나님의 사랑은 오직 십자가를 통해 증거된 사랑만 믿어야 합니다. 십자

가 외에는 다른 어떤 것도 하나님의 사랑의 증거가 될 수 없습니다. 되어서도 안 됩니다. 하나님의 사랑은 우리의 이해를 초월하고 우리가 생각하는 것과는 다른 방식으로 나타날 때가 많기 때문입니다. 하나님이 하시는 일을 사람의 차원으로 끌어내리지 않는 것이야말로 신앙인이 지켜야 할 신앙의 금도입니다.

4장

욥의 친구들은

자칭 진리를 안다고 자부하는 자들이었지만

전혀 자유하지 못했습니다.

그것은 자기들의 전제가 지나치게 강했기 때문이었습니다.

"네가 언제까지 내 마음을 괴롭히며, 어느 때까지 말로써 나를 산산조각 내려느냐? 너희가 나를 모욕한 것이 이미 수십 번이거늘, 그렇게 나를 학대하고도 부끄럽지도 않으냐? 참으로 내게 잘못이 있다 하더라도 그것은 내 문제일 뿐이고 너희를 괴롭히는 것은 아니다. 너희 생각에는 너희가 나보다 더 낫겠고, 내가 겪는 이 모든 고난도 내가 지은 죄를 증명하는 것이겠지. 그러나 이것만은 알아야 한다. 나를 궁지로 몰아넣으신 분이 하나님이시고, 나를 그물로 덮어씌우신 분도 하나님이시다. '폭력이다!' 하고 부르짖어도 듣는 이가 없다. '살려 달라!'고 부르짖어도 귀를 기울이는 이가 없다. 하나님이 내가 가는 길을 높은 담으로 막으시니 내가 지나갈 수가 없다. 내 가는 길을 어둠으로 가로막으신다. 내 영광을 거두어 가시고, 머리에서 면류관을 벗겨 가셨다. 내 온 몸을 두들겨 패시니 이젠 내게 희망도 없다. 나무 뿌리를 뽑듯이 내 희망을 뿌리째 뽑아 버리셨다. 하나님이 내게 불같이 노하셔서 나를 적으로 여기시고 나를 치시려고 군대를 보내시니 그 군대는 나를 치려고 길을 닦고, 내 집을 포위하였다. 그가 내 가족을 멀리 떠나가게 하시니 나를 아는 이들마다 낯선 사람이 되어 버렸다. 친척들도 나를 버렸으며, 가까운 친구들도 나를 잊었다. 내 집에 머무르는 나그네와 내 여종들까지도 나를 낯선 사람으로 대하니 그들의 눈에 나는 완전히 낯선 사람이 되고 말았다. 종을 불러도 대답조차 안 하니 내가 그에게 애걸하는 신세가 되었고, 아내조차 내가 살아 숨쉬는 것을 싫어하고 친형제들도 나를 역겨워한다. 어린 것들까지도 나를 무시하며 내가 일어나기만 하면 나를 구박한다. 친한 친구들도 모두 나를 꺼리며 내가 사랑하던 이들도 내게서 등을 돌린다. 나는 피골이 상접하여 뼈만 앙상하게 드러나고 잇몸으로 겨우 연명하는 신세가 되었다. 너희는 내 친구들이니 나를 구박하지 말고 불쌍히 여겨다오. 하나님이 손으로 나를 치셨는데, 어찌하여 너희마저 마치 하나님이라도 된 듯이 나를 핍박하느냐? 내 몸이 이 꼴인데도 아직도 성에 차지 않느냐"(욥기 19:1-22).

4장 위로에 실패한 욥의 친구들

친구들의 비난에 고통받는 욥

친구들은 비참하게 무너진 욥의 형편을 보고 큰 충격을 받았습니다. 이건 죄에 대한 하나님의 징벌이라는 확신이 들었습니다. 그렇지 않고서야 욥이 이렇게 형편없이 무너질 까닭이 없다고 판단했습니다. 하여, 친구들은 처음부터 욥이 이렇게 형편없이 무너진 이유를 설명하려 들었습니다. 원인을 알아야 고칠 수 있고 이 무서운 재앙에서 회복될 수 있을 거라는 생각으로 재앙의 원인을 분석하고 설명하기 시작했습니다. 그러다 보니 위로가 아니라 말싸움으로 흘러가고 말았습니다.

친구들은 한결 같이 하나님께 회개하라고 목소리를 높였습니다. 죄를 회개하면 하나님이 용서하시고 회복시켜 주실 것이라고 말입니다. 그런데 회개하라는 데서 그치지 않았습니다. 말이란 게 본래 여간해서는 멈출 줄 모르는 성질이 있어서, 회개하라고 다그치는 데서 머물지 않고 종교적으로 비난하는 데까지 나가게 되었습니다.

"정말 너야말로 하나님을 두려워하는 마음도 내던져 버리고, 하나님 앞에서 뉘우치며 기도하는 일조차도 팽개쳐 버리는구나.… 이것은 모두 그가 하나님께 대항하여 주먹을 휘두르고, 전능하신 분을 우습게 여긴 탓이 아니겠느냐? 전능하신 분께 거만하게 달려들고 방패를 앞세우고 그분께 덤빈 탓이다"(15:4, 25-26).

이렇게 시작된 종교적 비난은 일순간에 도덕적인 비난으로 발전합니다(22:5-11). "그것은 네가 크게 범죄하고 악을 행하였기 때문이다. 너는 가난한 형제들이 빚진 것을 갚지 않는다고 해서 터무니없는 담보를 요구하고, 그들의 옷까지 벗겨 벌거숭이가 되게 하였으며, 목마른 자에게 물을 주지 않았고, 배고픈 자에게 먹을 것을 주지도 않았다"(22:5-7, 현대인의 성경).

아, 정말 기가 막힌 일이 벌어지고 있습니다. 경악할 일이 벌어지고 있습니다. 여러분, 친구들이 지금 무슨 짓을 하고 있습니까? 도덕적으로 욥을 비난하고 있습니다. 욥의 비인간적인 죄악을 구체적으로 열거하고 있습니다. 그것도 눈으로 본 것처럼 매우 사실적으로 말입니다. 만일 이 말이 사실이라면 욥은 수전노 중에 수전노요, 독한 사람 중에 독한 사람이요, 강도 중에 강도임이 분명합니다. 세상에 욥처럼 악한 사람이 없을 것입니다.

그러나 이건 사실이 아닙니다. 허무맹랑한 소설입니다. 자기 눈으로 확인하지도 않은 것을 소설 쓰듯이 지어 낸 것입니다. 순전히 엘리바스의 머릿속에서 나온 것입니다. 욥이 그렇게 독한 일을 하지 않고서야 이런 엄청난 재앙을 만날 리가 없다고 하는 자기식 판단에서 나온 것입니다. 자기식 판단의 잣대로 욥을 악랄한 사람으로 규정해 버린 것입니다. 그것도 하나님의 이름으로, 신앙의 이름으로, 진리의 이름으로, 그렇게 규정한 것입니다. 이 얼마나 끔찍하고 두려운 일입니까?

비난을 퍼붓는 친구들을 향해 욥은 항의합니다. "네가 언제까지 내 마음을 괴롭히며, 어느 때까지 말로써 나를 산산조각 내려느냐? 너희가 나를 모욕한 것이 이미 수십 번이거늘, 그렇게 나를 학대하고도 부끄럽지도 않으냐? 참으로 내게 잘못이 있다 하더라도 그것은 내 문제일 뿐이고 너희를 괴롭히는 것은 아니다"(19:2-4). 욥은 저들이 수십 번이나 자기를 책망하며 학대했다고 말합니다. 욥의 말은 진실입니다.

욥이 처음에는 말할 수 없는 재난으로 인하여 고통스러웠지만, 나중에는 친구들의 말 때문에 더 괴로웠습니다. 하여, 친구들에게 제발 그만 좀 하라고 부탁합니다. "너희는 내 친구들이니 나를 구박하지 말고 불쌍히 여겨다오. 하나님이 손으로 나를 치셨는데, 어찌하여 너희마저 마치 하나님이라도 된 듯이 나를 핍박하느냐? 내 몸이 이 꼴인데도 아직도 성에 차지 않느냐"(19:21-22). 얼마나 견딜 수 없었으면 더 이상 구박하지 말고 불쌍히 여겨 달라고 하소연했을까요. 진실로 친구들의 말은 욥에게 고문이었습니다. 낙담과 번뇌와 상처만 안겨주는 날카로운 칼이었습니다.

하나님이 하셨다는 것 외에는

끝없이 추적하고 끝없이 정죄하는 친구들을 향해서 욥은 쉬지 않고 말합니다. "그러나 이것만은 알아야 한다. 나를 궁지로 몰아넣으신 분이 하나님이시고, 나를 그물로 덮어씌우신 분도 하나님이시다"(19:6). 욥은 계속해서 이 모든 일이 하나님이 하셨다는 고백만 늘어놓습니다. 하나님이 가는 길을 담으로 막으셨다고, 하나님이 어둠으로 가로막으셨다고, 하나님이 영광을 거두어 가셨다고, 하나님이 온 몸을 두들겨 패셨다고, 하나님이 희망을 뿌리째 뽑아 버리셨다고. 그렇습니다.

욥은 오직 하나님이 행하신 일이라는 것 외에는 알 수 있는 것도 없었고, 할 수 있는 말도 없었습니다. 하나님이 하셨다는 것 외에는 확실한 것이 하나도 없었습니다. 모든 것이 미궁이었습니다. 그런데 친구들은 끝없이 판단하고 설명하려 듭니다. 그리고 자기들의 판단이 확실하다고 말합니다.

오늘의 교회 안에도 욥의 세 친구들처럼 하나님의 뜻을 안다는 자들이 많이 있습니다. 자기 확신에 사로잡힌 나머지 자기가 알고 있는 것이 얼마든지 틀릴 수 있다는 것을 인정하지 않습니다. 아니, 틀릴 수도 있다는 것을 상상조차 하지 못하는 자들이 정말 많습니다.

그러나 제대로 아는 자는 자기가 모르는 것을 압니다. 알 수 없는 것이 많다는 것을 압니다. 특별히 하나님의 뜻은 사람이 알 수 있는 것이 지극히 적습니다. 그런데 모르는 자는 자기가 알고 있는 것이 전부인 줄 압니다. 알 수 없는 것이 얼마나 많이 있는지를 모릅니다. 믿음의 조상인 아브라함이 갈대아 우르를 떠날 때에 갈 바를 알고 떠났습니까? 아닙니다. 고향 친척 집을 떠나라는 하나님의 말씀은 들었지만 갈 바를 알지 못하고 갔습니다(히 11:8). 이것이 본래 믿음의 길이요 하나님의 길입니다.

위로에서 비난으로

말이란 매우 위험한 것입니다. 야고보서를 보면 말의 위험성에 대해서 잘 말해 주고 있습니다.

"우리가 다 실수가 많으니 만일 말에 실수가 없는 자면 곧 온전한 사람이라. 능히 온 몸도 굴레 씌우리라. 우리가 말을 순종케 하려고 그 입에 재갈 먹여 온 몸을 어거하며, 또 배를 보라 그렇게 크고 광풍에 밀려가는 것들을 지극히 작은 키로 사공의 뜻대로 운전하나니, 이와 같이 혀도 작은 지체로되 큰 것을 자랑하도다. 보라, 어떻게 작은 불이 많은 나무를 태우는가. 혀는 곧 불이요 불의의 세계라. 혀는 우리 지체 중에서 온 몸을 더럽히고 생의 바퀴를 불사르나니 그 사르는 것이 지옥불에서 나느니라. 여러 종류의 짐승과 새며 벌레와 해물은 다 길들므로 사람에게 길들었거니와 혀는 능히 길들일

사람이 없나니 쉬지 아니하는 악이요 죽이는 독이 가득한 것이라"(약 3:2-8,
개역).

그렇습니다. 말이란 쉬지 않는 악이요, 죽이는 독이 가득한 것입니다. 말
한 마디로 천 냥 빚을 갚을 수도 있지만, 말 한 마디 때문에 일평생 돌이킬
수 없는 원수가 되기도 합니다. 이렇게 말 때문에 실수를 하면서도 혀를 길
들인다는 것은 정말 어렵습니다.

욥의 친구들도 그랬습니다. 처음에는 좋은 의도를 가지고 대화를 시작했
습니다. 그러다가 점점 말이 길어지면서 말이 말을 낳고, 서로가 자기 말의
정당성을 주장하다 보니 처음의 좋은 의도는 사라지고 어느 새인지 모르게
상대방을 비난하는 말로 바뀌었습니다. 정말이지 상대방을 비난할 마음으
로 시작한 게 전혀 아니었는데, 말을 하다 보면 자기도 모르는 사이에 상대
방을 비난하는 말을 늘어놓게 되는 때가 있습니다. 처음의 대화 의도, 대화
내용은 사라지고 결국은 말싸움이 되고 마는 실수를 참 많이 합니다.

친구들의 속마음

그렇다면 왜 욥의 친구들은 그렇게 빨리 욥을 정죄하고 비난하게 되었을
까요? 친구들이 욥을 위로하고 권면하기는커녕 상처만 덧나게 한 데는 그만
한 배경이 있습니다. 그 배경을 살펴봅시다. 저들이 말로는 하나님의 공의
로우심과 세상의 여러 가지 일들을 내세우면서 하나님이 선한 사람에게 이
유 없이 이런 재앙을 내리는 법은 없다고, 너의 고통은 네 죄의 대가라고 주
장하고 있긴 합니다. 네 죄를 인정하고 회개하면 하나님께 다시 복을 얻을
것이라는 신앙적 권면도 빼놓지 않습니다.

하지만 그들의 마음 깊은 곳을 파내려가 보면 좀 다른 세계가 나타납니다.

그들의 마음 속에는 어떻게 해서든지 욥을 흠집 내고자 하는 본심이 숨어 있습니다. 욥이 고난 가운데 있을 때 사단이 욥의 입에서 하나님을 욕하는 말이 나오기를 기다렸듯이, 친구들은 지금 욥의 입에서 이런 말이 나오기를 기다리고 있습니다.

'그래, 자네들 말대로 이 모든 고난은 지금까지 내가 숨겨온 죄의 대가일세.' 이 한 마디를 듣기 위해서 저들은 그렇게 열심히 욥을 설득하고 있는 것입니다. 친구들이 정말 욥에게 기대했던 것은 욥이 위로를 받고 새로운 힘을 얻는 것이 아니었습니다. 욥의 입에서 '이 모든 고난은 바로 내 죄 때문이다' 는 말이 나오는 것이었습니다. 사실 욥이 자기 죄 때문이라고 한 번만 인정하면 문제는 간단히 끝났을 것입니다. 더 이상 욥의 고난을 가지고 이러쿵저러쿵 길게 말할 필요가 없었을 것입니다. 그런데 욥이 생각보다 훨씬 완강하게 그 말을 안 하니까 그 말이 나올 때까지 끈질기게 욥을 물고 늘어졌던 겁니다.

그렇다면 왜 친구들은 욥의 입에서 그 고백을 받아내려 하는 것일까요? 그 배경을 살펴보겠습니다. 욥은 모든 면에서 흠잡을 데가 없었습니다. 신앙, 인격, 행동, 어느 것 하나 흠잡을 데라고는 없었습니다. 거기다가 부자요 실력자였습니다. 사람들은 욥의 지혜와 경건함을 인정하며 그 앞에 엎드렸습니다. 친구들은 그런 욥이 한편 부러우면서도, 또 한편으로는 질투가 났을 것입니다. 하여, 욥에게서 뭔가 흠집을 찾고 싶은 심사가 작동했을 것입니다. 자기들도 나름대로 지혜의 사람이요 하나님의 사람이라고 자부하는 자들인데, 욥은 모든 사람들로부터 나무랄 데 없는 하나님의 사람으로 인정받고 있으니 그런 욥을 한 번쯤 흔들어 보고 싶은 충동을 느꼈을 것입니다.

사실 모든 사람들에게는 그런 마음이 있습니다. 잘 나가는 사람을 보면 왠지 한 번쯤 흔들어 보고 싶은 마음, 흠이 잘 보이지 않으면 덫을 놓아서라도 흠집을 만들고야 마는 고약함이 있습니다. 너나 할 것 없이 부패한 인간의 마음 속에는 그렇게 비비꼬인 괴물이 들어 있습니다. 그러다가 작은 허물이라도 하나 발견하게 되면 '그러면 그렇지, 저 사람이라고 특별한 게 있겠어?' 하면서 스스로 위로를 받고 열등감에서 해방되는 쾌감을 맛보는 것이 인간입니다. 괴테도 말했습니다. "인간이 아주 저열해지면 타인의 불행을 기뻐하는 것 이외엔 아무 흥미도 갖지 않게 된다."

욥의 친구들도 예외가 아니었습니다. 욥이 말할 수 없는 비참함에 빠지게 되자 '기회는 이때다' 하고 욥을 흠집 내려고 덤볐습니다. 물론 위로의 마음이 없었다는 것이 아닙니다. 위로의 마음이 왜 없었겠습니까. 하지만 마음 깊은 곳에는 그렇게 비비꼬인 심사도 있었다는 이야기입니다.

그런데 말들이 오가면서 점차 마음 속에 웅크리고 있던 비꼬인 심사가 더 강해진 것이지요. 어떻게 해서든지 욥이 죄의 대가로 이런 엄청난 시련을 겪고 있다는 사실을 만천하에 공표하고 싶어졌습니다. 그렇게만 된다면 그동안 욥에게 쏠렸던 명성에 먹칠을 가할 수 있게 될 것이고, 욥에게 밀렸던 자기들의 경건과 명성을 회복할 수 있을 것이라고 생각했습니다.

하여, 친구들은 온갖 지혜와 체험, 논리를 다 동원해 욥을 항복시키려 했습니다. '내 죄가 나를 망하게 하였노라' 는 자백을 받아내려 했습니다. 그런데도 그게 안 통하니까 나중에는 비난하고, 거짓말을 만들어내고, 윽박지르기까지 했습니다.

전제가 지나치게 강하면

친구들이 욥을 위로하는데 실패한 세 번째 원인은 자기들의 전제가 지나치게 강했다는 것입니다. 사람은 전제가 지나치게 강하면 진실을 보지 못합니다. 인생은 단순한 것 같으면서도 매우 복잡하고 다차원적입니다. 그래서 어떤 사건을 제대로 보려면 아무런 편견이나 전제 없이 보아야 진실을 볼 수 있습니다. 만일 빨간 안경을 쓰고 보면 모든 것이 빨갛게 보입니다. 파란 안경을 쓰고 보면 모든 것이 파랗게 보이겠지요. 볼록렌즈를 끼면 본래의 사물보다 더 커 보이고요. 사물을 본래의 모습 그대로 보려면 아무 색깔도 없는 안경을 써야 제대로 볼 수 있습니다.

그런데 욥의 친구들은 지나칠 정도로 자기들의 전제가 강했습니다. 자기들이 평소에 갖고 있던 신념, 확신, 체험, 전통이 만들어 낸 하나의 전제, 하나의 틀을 갖고 있었습니다. 그리고 그 틀을 가지고 욥이 당한 재앙을 보았습니다. 그랬더니 죄가 아니면 도무지 일어날 수 없다고 생각되는 일이 벌어진 것이었습니다. 이처럼 전제가 지나치게 강하다 보니 욥에게 일어난 일을 정직하게 볼 수 없었습니다. 욥이 하는 말에 귀를 기울일 수 없었습니다.

오늘도 많은 사람들이 욥의 세 친구들과 같은 오류를 범하고 있습니다. 특별히 그리스도인 중에 그런 사람들이 많습니다. 자기가 좋아하고 확신하는 성구 하나를 들고 나와서 마치 자기가 하나님에 대해서 다 아는 것처럼 말하는 사람들이 있습니다.

예를 들면 이런 겁니다. "너희를 향한 나의 생각은 내가 아나니 재앙이 아니라 곧 평안이요"(렘 29:11, 개역). 이 말씀 하나가 마치 모든 진리를 대변해 주기나 하는 것처럼 들고 나와서는 평안을 누리지 못하는 사람은 믿음이 없어서 그런 거라고 한 마디로 잘라 말해 버립니다.

또 출애굽기 23장 25절에 보면 참 은혜로운 말씀이 나옵니다. "너의 하나님 여호와를 섬기라. 그리하면 여호와가 너희의 양식과 물에 복을 내리고 너희 중에 병을 제하리니." 이 말씀 하나가 성경 말씀 전체를 대변하는 것처럼 생각해서 병으로 고생하는 사람을 찾아가서 기를 죽이는 사람들이 있습니다. '잘 믿으면 아프지 않아야 정상인데 어떻게 몸이 아파서 드러누울 수가 있느냐? 그것은 믿음이 부족해서 그런 것이고 신앙생활을 열심히 하지 않아서 그런 것이다. 회개해!' 이런 식입니다. 말이야 다 옳습니다. 다 성경에서 나온 말이니까 백 번 옳습니다.

그러나 성경에 나온 말이라고 해서 어떤 상황에서나 다 옳은 것이 아니고, 다 통하는 것도 아닙니다. 하나님의 말씀이라고 해서 상황과 관계없이 기계적으로 적용해도 맞아떨어지는 건 아닙니다. 하나님은 상황 상황마다 인격적으로 반응하시고, 상황에 따라 천 가지 만 가지로 섭리하시는 분이시기 때문에 기계적으로 적용해서는 안 됩니다. 사람을 만드실 때도 제각각 독특하게 만드신 하나님은 사람을 인도하실 때도 제각각 독특하게 인도하십니다. 기계적으로 사람을 대하시는 법이 없으십니다. 그러기 때문에 하나님의 말씀을 모든 상황에 기계적으로 적용하는 것은 매우 위험한 일입니다.

그런데 욥의 세 친구들은 하나님의 말씀을 모든 상황에 기계적으로 적용하고 판단했습니다. 욥에게 적용하면 안 되는 말씀을 욥에게 적용하는 억지를 부렸습니다. 왜 그럴까요? 자기들의 전제가 지나치게 강했기 때문입니다. 그러니 욥에게 일어난 사건의 독특성을 간파하지 못하는 게 당연했습니다. 사건의 독특성만 보지 못한 게 아니라 진리를 왜곡시켰습니다. 더 나아가 욥을 비난하고 정죄하는 죄까지 범하고 말았습니다.

본래 하나님의 진리는 닫힌 마음을 활짝 열어 만물을 새롭게 보게 하는 능력이 있습니다. 진리는 우리를 고정관념이라는 틀 속에서 해방시켜 줍니다. 지배적인 권력, 집단 여론, 전통, 세대의 풍조에 얽매이지 않고 하나님의 뜻을 따라 살게 하는 능력이 바로 진리가 갖고 있는 자유케 하는 힘입니다. 예수님께서도 "진리를 알지니 진리가 너희를 자유케 하리라"(요 8:32, 개역)고 하셨습니다. 그러기 때문에 진리의 영을 품고 사는 사람은 어느 하나에 얽매여 종노릇하지 않습니다. 편견에 사로잡히지 않습니다.

그런데 교회를 들여다 보면 예수를 알고 성경을 안다고 하는 사람일수록 고집스러울 만큼 편견에 사로잡혀 있는 것을 볼 수 있습니다. 다른 사람의 이야기에 귀를 기울이지 않는 독불장군들이 많습니다. 자칭 진리로 무장했다고 큰소리치며 자기 전제만을 진리라고 우기는 사람들이 많습니다. 그래서 교회에서는 한 번 갈등이 생기고 싸움이 벌어졌다 하면 절대로 조정이 안 되고 화해가 안 됩니다. 합리적인 대화 자체가 불가능합니다. 어디서 그런 확신을 얻었는지는 모르지만, 하여튼 내 주장만이 하나님의 진리라고 우기는 데는 가히 수준급입니다.

교회 밖에 있는 사람들이 그리스도인들에 대하여 뭐라고 손가락질 하는지 아십니까? 예수 믿는 것들은 속이 좁고, 융통성이 없고, 독선적이라는 말을 많이 합니다. 듣기 좋은 말은 아니지만 크게 틀린 말도 아닙니다. 사실이 그러니까요. 왜 이럴까요? 왜 성경 좀 알고, 교회 좀 나오면 사람들이 자기 확신에 사로잡히고 편견의 늪에서 허우적거리는 겁니까? 마치 자기가 하나님의 진리를 다 아는 것처럼 오만한 것입니까? 정말 알 수 없는 일입니다. 수수께끼 중의 수수께끼입니다. 진리는 사람을 자유케 하는 법인데, 왜 교회에 나오면 교회에서 듣는 진리의 말씀으로 자유케 되기는커녕 옹졸하고 편견으로 똘똘 뭉치는 것인지 정말 알다가도 모를 일입니다.

욥의 친구들도 자칭 진리를 안다고 자부하는 자들이었지만 전혀 자유하지 못했습니다. 자기들의 전제가 지나치게 강했습니다. 그들은 하나는 알았는데 둘은 몰랐습니다. 그들은 한 가지 원리, 한 가지 시각, 한 가지 진리만으로는 인생을 다 설명할 수 없다는 것을 몰랐습니다. 하나의 진리로 하나님을 설명할 수 없다는 것을 몰랐습니다. 그래서 결국은 그들의 말이 옳았음에도 불구하고 그들의 말이 틀릴 수밖에 없었습니다. 욥이 당한 고난의

진실, 재앙의 독특함을 볼 수가 없었습니다. 그러니 하는 말마다 아무 짝에
도 쓸데없는 쓰레기 같은 말만 주저리주저리 늘어놓을 뿐이었습니다.

진정한 위로자의 길

욥의 친구들은 위로자로서는 빵점이었습니다. 저들이 위로하겠다고 그럴
듯한 말을 늘어놓기는 했지만 실은 사회적으로, 물질적으로, 육체적으로 흠
씬 두들겨 맞고 나가떨어진 욥을 정신적으로, 영적으로 또다시 두들겨 패는
짓을 하고 말았습니다. 저들이 특별히 악하고 어리석어서 그랬을까요? 아닙
니다. 저들도 상당한 지혜와 경륜을 갖춘 사람들이었습니다. 그러나 위로하
는 데는 실패했습니다. 우리는 여기서 위로자의 삶을 산다는 것이 얼마나
어려운지를 발견할 수 있습니다. 그리고 욥의 친구들의 실패를 거울삼아 진
정한 위로자가 되는 길을 배워야 하겠습니다.

첫째, 말의 위험성을 알고 대화가 자칫 말싸움이 되지 않도록 지혜롭게 말
하고 조심스럽게 말하는 습관을 훈련해야 합니다. 절제해야 할 때 절제할
줄 알아야 합니다. 말은 습관입니다. 부단히 연습해서 길들여야 하는 습관
입니다. 온 몸을 불태우는 혀를 성령님께 맡기고, 혀를 길들이기 위해 날마
다 밥 먹듯이 연습하는 것만이 위로자의 삶을 사는 비결입니다.

둘째, 잘 나가는 사람 뒷다리 잡고 늘어지고 싶은 심사, 흠집을 내고자 하
는 비뚤어진 심사, 시기심, 질투심을 버려야 합니다. 그 대신 남이 잘되는 것
을 기뻐하고 지지해주는 마음을 잃지 않아야 합니다.

셋째, 자기가 알고 있는 것으로 모든 것을 판단하려 해서는 안 됩니다. 자
기 전제가 지나치게 강하면 진실을 볼 수 없습니다. 또 모든 사람, 모든 사건
은 제각각 다르며 독특하다는 진실을 잊지 말아야 합니다. 그럴 때 우리는

진정한 위로자, 참된 격려자로 살아갈 수 있을 것이라고 믿습니다.

위로자 성령님

성령님은 보혜사, 즉 보호자요 위로자입니다(요 14:6). 하나님은 우리를 험한 세상에 고아와 같이 버려두지 아니하시려고 참 위로자이신 성령님을 보내주셨습니다. 성령님은 지금 우리 안에 함께 계십니다. 우리가 갈 바를 알지 못하고 방황하거나 힘들고 지쳐 휘청거릴 때 우리를 위로하고 격려하기 위해서 성령님은 우리 안에 거하십니다.

그러기 때문에 이 세상 살면서 힘들고 어려워 따뜻한 위로와 격려가 필요할 때에는 위로자이신 성령님을 찾으십시오. 성령님은 이 세상 최고의 위로자요 상담자이십니다. 그분만큼 우리를 깊이 위로할 수 있는 분은 없습니다. 사람의 위로는 한계가 있습니다. 사람의 위로는 욥의 친구들에게서 보았던 것처럼 비난으로 흐르기 쉽고 말싸움으로 흐르기 쉽습니다. 더욱이 사람들은 아무리 가까운 사이라 할지라도 위기의 때를 만나면 쉽게 떠나 버립니다. 내가 재앙을 만나면 가까운 친구나 친척, 심지어 가족들까지 싫어하고 역겨워합니다. 낯선 사람이 됩니다.

그러나 성령님은 다릅니다. 성령님은 재앙과 환란의 때에 더욱 함께 하십니다. 온 세상이 등을 돌릴 지라도 성령님은 등을 돌리지 않으십니다. 세상이 주는 겉치레 위로와는 다른 위로를 주십니다. 세상이 줄 수 없는 평강을 주십니다. 사도 바울도 확신 가운데 이렇게 선포했습니다. "그러므로 이제 그리스도 예수 안에 있는 자에게는 결코 정죄함이 없나니"(롬 8:1, 개역). 그렇습니다. 하나님은 결코 정죄하지 않으십니다. 누구도 정죄하지 않으십니다. 세상은 우리를 정죄하나 하나님은 결코 정죄하지 않습니다.

이제는 우리도 다른 사람을 정죄하지 말라는 뜻이겠지요. 우리는 본래 정죄하는 자요 상처를 주는 자였습니다. 죽이는 자요 비난하는 자였습니다. 그러나 더 이상 정죄하는 자, 상처주는 자, 죽이는 자, 비난하는 자로 살지 말라고 주님이 먼저 정죄하지 않고 용서하신 것이라 믿습니다. 세상이 악하고 죄악의 어둠이 짙어갈수록 정말 세상에 필요한 것은 정의의 칼이 아니라 용서와 위로의 뜨거운 눈물이라고 생각합니다. 주님도 정의의 칼로 세상을 구원하려 하지 않았습니다. 오직 용서의 십자가로 구원의 길을 여셨습니다. 그리고 위로의 영을 보내주셨습니다. 그러므로 주님의 십자가 밑에 있는 그리스도인들도 용서와 위로의 길을 가야 합니다. 그 길만이 십자가 길이요, 주님의 길입니다.

주님은 지난 이천 년 동안 힘있고 능력있는 그리스도인을 기대하기보다는 위로와 용서의 영으로 충만한 그리스도인이 세상에 가득하기를 기대하셨다고 믿습니다.

5장

구체적으로 포착되지 않는 하나님을

어떻게든지 극복해 보려고 하다가는 신비한 이단에 빠지든지,

아예 하나님은 존재하지 않는다고 부인하게 되고 맙니다.

내 손 안에 쥘 수 없는 하나님을 내 손 안에 쥐려고 하는 것은

하나님을 모르는 자의 무모한 종교적 발광일 뿐입니다.

"욥이 대답하였다. 오늘도 이렇게 처절하게 탄식할 수밖에 없다니! 내가 받는 이 고통에는 아랑곳없이 그분이 무거운 손으로 여전히 나를 억누르시는구나! 아, 그분이 계신 곳을 알 수만 있다면, 그분의 보좌까지 내가 이를 수만 있다면, 그분 앞에서 내 사정을 아뢰련만, 내가 정당함을 입이 닳도록 변론하련만. 그러면 그분은 무슨 말로 내게 대답하실까? 하나님이 힘으로 나를 억누르실까? 그렇지 않을 것이다. 내가 말씀을 드릴 때에 귀를 기울여 들어 주실 것이다. 내게 아무런 잘못이 없으니 하나님께 떳떳하게 말씀드릴 수 있을 것이다. 내 말을 다 들으시고 나서는 단호하게 무죄를 선언하실 것이다. 그러나 동쪽으로 가서 찾아보아도 하나님은 거기에 안 계시고, 서쪽으로 가서 찾아보아도 하나님을 뵐 수가 없구나. 북쪽에서 일을 하고 계실 터인데도 그분을 뵐 수가 없고, 남쪽에서 일을 하고 계실 터인데도 그분을 뵐 수가 없구나. 하나님은 내가 발 한 번 옮기는 것을 다 알고 계실 터이니 나를 시험해 보시면 내게 흠이 없다는 것을 아실 수 있으련만! 내 발은 오직 그분의 발자취를 따르며, 하나님이 정하신 길로만 성실하게 걸으며, 길을 벗어나서 방황하지 않았건만! 그분의 입술에서 나오는 계명을 어긴 일이 없고, 그분의 입에서 나오는 말씀을 늘 마음 속 깊이 간직하였건만! 그러나 그분이 한 번 뜻을 정하시면 누가 그것을 돌이킬 수 있으랴? 한 번 하려고 하신 것은 반드시 이루고 마시는데 하나님이 가지고 계신 많은 계획 가운데 나를 두고 세우신 계획이 있으면 반드시 이루고야 마시겠기에 나는 그분 앞에서 떨리는구나. 이런 것을 생각할 때마다 그분이 두렵구나. 하나님이 내 용기를 꺾으셨기 때문이고 전능하신 분께서 나를 떨게 하셨기 때문이지. 내가 무서워 떤 것은 어둠 때문도 아니고 흑암이 나를 덮은 탓도 아니다"(욥기 23:1-17).

5장 너무 가까이 너무 멀리

단순함의 위험

우리는 앞에서 욥의 친구들이 욥을 위로하는데 실패한 사실을 통해서 한 가지 시각으로 모든 것을 보려고 하는 것이 얼마나 위험한지를 보았습니다. 우리 옛말에도 '하룻강아지 범 무서운 줄 모른다', '선무당이 사람 잡는다'는 말이 있듯이 하나만 알고 둘을 모르는 것은 정말 위험천만한 일입니다.

이랜드 박성수 사장은 "한 가지 문제가 있을 때 그 문제를 해결하기 위해서는 150가지의 방법이 머릿속에 들어 있어야 한다"는 말을 했습니다. 한 가지 문제에 접근하는 방법이 얼마나 다양할 수 있는지를 단적으로 보여주는 말이라고 생각합니다. 그렇습니다. 인생의 모든 것은 한 가지 틀로는 설명되지 않습니다. 한 가지 열쇠로 모든 문제를 풀 수 없습니다. 인생에는 마스터 키(Master Key)가 없습니다.

하나님도 그렇습니다. 하나님이 어떤 분이신지는 하나로 설명되지 않습니다. 이런가 하면 저렇고, 저런가 하면 이렇습니다. 하나님은 사랑이십니다. 그러면서도 동시에 공의로우시고 죄를 심판하십니다. 하나님은 우리 인생길을 인도하십니다. 그러면서도 우리가 자기 맘대로 행동하는 걸 허용하십니다.

하나님은 우리를 축복하십니다. 그러나 동시에 우리를 단련하시고 훈련하십니다. 하나님은 말씀하십니다. 그러나 동시에 침묵하십니다. 하나님은 우리에게 자신을 알리십니다. 그러나 동시에 숨기십니다. 하나님은 우리와 함께 계십니다. 그러나 동시에 아주 멀리 계십니다. 하나님은 우리에게 아주 친숙한 분이십니다. 그러나 동시에 아주 낯선 분이십니다. 하나님은 어제나 오늘이나 내일이나 변함이 없으신 분이십니다. 그러나 동시에 하나님은 어제 다르고, 오늘 다르고, 내일 다르십니다.

가까이 함께 하시는 하나님

우리는 욥이 경험한 사건에서도 하나님의 양면성을 목격할 수 있습니다. 가까이 함께 하시면서도 너무 멀리 계시고, 말씀하시면서도 침묵하시는 하나님의 양면성을 발견할 수 있습니다. 볼까요?

욥의 인생이 송두리째 무너져 내리던 그때 욥의 입에서 어떤 말이 터져 나왔습니까? "주신 자도 여호와시요 취하신 자도 여호와시오니 여호와의 이름이 찬송을 받으실지니이다"(1:21, 개역)라고 고백했습니다. 여러분 이게 무슨 말입니까? 내 모든 상황을 뒤집어엎으신 분은 바로 하나님이시라는 고백입니다. 이 모든 일이 결국은 여호와로부터 비롯되었다는 고백입니다.

이 고백은 한 번으로 끝나지 않습니다. 욥은 끝까지 그 고백을 지킵니다. "우리가 하나님께 복을 받았은즉 재앙도 받지 아니하겠느뇨?"(2:10, 개역). 16장에서도 말합니다.

"이제 주께서 나를 시들게 하셨으니 이는 나를 향하여 증거를 삼으심이라. 나의 파리한 모양이 일어나서 대면하여 나의 죄를 증거하나이다. 그는 진노하사 나를 찢고 군박하시며, 나를 향하여 이를 갈고 대적이 되어 뾰족한 눈으로 나를 보시고, 무리들은 나를 향하여 입을 벌리며 나를 천대하여 뺨을 치며, 함께 모여 나를 대적하는구나. 하나님이 나를 경건치 않은 자에게 붙이시며 악인의 손에 던지셨구나. 내가 평안하더니 그가 나를 꺾으시며, 내 목을 잡아 던져 나를 부숴뜨리시며, 나를 세워 과녁을 삼으시고, 그 살로 나를 사방으로 쏘아 인정 없이 내 허리를 뚫고, 내 쓸개로 땅에 흘러나오게 하시는구나. 그가 나를 꺾고 다시 꺾고 용사 같이 내게 달려드시니 내가 굵은 베를 꿰어 매어 내 피부에 덮고 내 뿔을 티끌에 더럽혔구나"(16:7-15, 개역).

19장에서도 똑같은 고백을 합니다. "그가 내 길을 막아 지나지 못하게 하시고, 내 첩경에 흑암을 두셨으며, 나의 영광을 벗기시며, 나의 면류관을 머리에서 취하시고, 사면으로 나를 헐으시니 나는 죽었구나. 내 소망을 나무 뽑듯 뽑으시고, 나를 향하여 진노하시고 원수같이 보시는구나"(19:8-11, 개역).

이처럼 욥은 일관되게 하나님이 나를 이 지경으로 만들었다고 고백하고 있습니다. 이런 고백으로 보건데 욥은 진실로 인생의 모든 것이 하나님 안에 있고 하나님이 다스리신다는 사실을 인정하고 있는 게 분명합니다. 이것은 욥에게 이론이 아니라 현실이었습니다. 자기가 당한 비참한 현실을 진심으로 그렇게 해석했습니다. 그래서 잘 될 때도 하나님이 주신 축복으로 알고 감사했을 뿐 아니라, 지금 기가 막힌 상황 가운데 있으면서도 하나님의 임재와 다스리심을 인정하고 있습니다.

7장에 가면 기가 막힌 고백이 나옵니다.

"사람이 무엇이관대 주께서 크게 여기사 그에게 마음을 두시고 아침마다 권징하시며 분초마다 시험하시나이까. 주께서 내게 눈을 돌이키지 아니하시며 나의 침 삼킬 동안도 나를 놓지 아니하시기를 어느 때까지 하시리이까?"(7:17-19, 개역).

참으로 놀라운 고백입니다. 여러분! 세상에 어느 누가 하나님처럼 그렇게 내 곁에 가까이 있는 분이 있습니까? 침 삼킬 동안도 나를 놓지 않을 만큼 그렇게 가까이서 지키시는 분이 있습니까? 하나님밖에 없습니다. 세상의 어떤 부부, 어떤 부모, 어떤 자식도 그렇게 할 수 없습니다. 아무리 금실이 좋은 부부라도, 아무리 부모님을 공경하는 자식이라 할지라도 더 이상 가까이 다가갈 수 없는 어떤 거리가 있습니다. 그러나 하나님은 침 삼킬 동안도 우리에게서 눈을 떼지 않으십니다.

시편 기자도 같은 경험을 고백하고 있습니다.

"여호와께서 너로 실족지 않게 하시며 너를 지키시는 자가 졸지 아니하시리로다. 이스라엘을 지키시는 자는 졸지도 아니하고 주무시지도 아니하시리로다. 여호와는 너를 지키시는 자라. 여호와께서 네 우편에서 네 그늘이 되시나니 낮의 해가 너를 상치 아니하며 밤의 달도 너를 해치 아니하리로다"(시 121:3-6, 개역).

다윗도 똑같은 경험을 했습니다. "여호와여 주께서 나를 감찰하시고 아셨나이다. 주께서 나의 앉고 일어섬을 아시며, 멀리서도 나의 생각을 통촉하시오며, 나의 길과 눕는 것을 감찰하시며, 나의 모든 행위를 익히 아시오니, 여호와여 내 혀의 말을 알지 못하시는 것이 하나도 없으시니이다. … 내가 주의 신을 떠나 어디로 가며, 주의 앞에서 어디로 피하리이까. 내가 하늘에 올라갈지라두 거기 계시며, 음부에 내 자리를 펼지라도 거기 게시니이다. 내가 새벽 날개를 치며 바다 끝에 가서 거할지라도 곧 거기서도 주의 손이 나를 인도하시며 주의 오른손이 나를 붙드시리이다"(시 139:1-9, 개역).

그렇습니다. 지금 우리 곁에 가장 가까이 계신 분은 바로 하나님이십니다. 그분은 당신의 일거수 일투족을 지켜보고 계십니다. 그분은 당신의 모든 형편에 대하여 모르시는 게 없으십니다. 가장 가까이 계시고 가장 적합

한 길로 인도하고 계십니다. 깃털처럼 부드럽고 솜털처럼 포근한 사랑으로 언제나 함께 하십니다.

하나님은 우리에게 친근한 아버지십니다. 자상한 어머니십니다. 좋을 때나 슬플 때나, 건강할 때나 병상에 있을 때나 언제나 가까이서 함께 계십니다. 심지어 우리가 죄를 짓는 그 순간까지도 하나님은 여전히 안타까운 마음으로 지켜보고 계십니다. 어둠과 죄악의 현장이라고 해서 하나님이 아니 계신 것이 아닙니다. 아니 보고 계신 것도 아닙니다. 어쩌면 더 크게 눈 부릅뜨시고 말 없이 눈물짓고 계실지도 모릅니다.

이것이 하나님을 향한 욥의 신앙입니다. 욥은 재앙의 한가운데 있으면서도 하나님이 나를 떠나셨다고 말하지 아니하고 오히려 이 모든 일 가운데 하나님의 손길이 함께 하고 있다고 고백하였습니다.

홀로임을 느낄 때도

인생을 살다 보면 때로 이 광활한 세상에 나만 홀로라는 생각, 내가 어려울 때 나를 이해해주고 나를 도와줄 사람이 아무도 없다는 생각에 사로잡힐 때가 있습니다. 인생길 가다가 지쳐 넘어져 있어도 어느 누구 하나 나를 일으켜 세워줄 사람이 없다는 사실 때문에 홀로 고독을 씹어야 할 때가 있습니다. 그렇습니다. 세상은 본래 고독하고 외로운 곳입니다. 어느 누구와도 진정으로 함께 할 수 없습니다. 모든 만남에는 거리가 있고, 한계가 있습니다. 좋든 싫든 각자 지고 가야 할 인생의 몫이 있습니다. 어느 누구도 대신할 수 없는 나만의 몫이 있습니다.

그러나 하나님과 우리 사이의 만남은 그렇지가 않습니다. 하나님과 우리의 만남에는 거리가 없고 한계가 없습니다. 내 안에 주님이 계시고, 주님 안에 내가 있습니다. 내가 져야 할 죄의 짐을 주님이 담당하셨습니다. 세상은 나를 비난하고 정죄해도 그분은 그 모든 비난을 감싸시고 은혜로 덮으실 뿐, 더 이상 죄악을 추궁하지 않으십니다.

둘째 아들 탕자가 집을 나갔다가 모든 재산을 다 날리고 거지가 되어 돌아왔을 때도 아버지는 그저 기뻐하시고 환영하실 뿐, 지난날에 대해서는 한 마디도 묻지 않았습니다. 한없이 받아주시고 한없이 덮어주셨습니다. 아들은 아버지 곁을 떠났지만 아버지는 아들 곁을 떠나지 않았습니다. 이분이 바로 우리 아버지이신 하나님이십니다.

멀리 계신 하나님

그러나 항상 그런 건 아닙니다. 하나님께서는 항상 내 곁을 떠나지 않으시지만 동시에 아주 멀리 계십니다. 도무지 포착할 수 없을 만큼 아주 멀리 계십니다. 욥은 고백합니다. "하나님이 내 곁을 지나가신다 해도 볼 수 없으며, 내 앞에서 걸으신다 해도 알 수 없다. 그가 가져가신다면 누가 도로 찾을 수 있으며, 누가 감히 그에게 왜 그러시냐고 할 수 있겠느냐?"(9:11-12).

그렇습니다. 하나님이 내 앞으로 지나가십니다. 그러나 보지 못합니다. 내 앞에서 일하십니다. 그러나 깨닫지 못합니다. 하여, 욥은 고백합니다. "내 살갗이 다 썩은 다음에라도, 내 육체가 다 썩은 다음에라도, 나는 하나님을 뵈올 것이다. 내가 그를 직접 뵙겠다. 이 눈으로 직접 뵐 때에 하나님이 낯설지 않을 것이다"(19:26-27). 여러분, 이게 무슨 말입니까? 욥에게 하나님은 지금 외인이요 낯선 분이라는 것입니다. 죽고 난 후, 눈으로 직접 하나님을 뵈올 수 있을 때까지는 하나님은 영원히 낯설 수밖에 없는 분이라는 것입니다.

욥기 23장 8-9절에서도 같은 말을 하고 있습니다. "그런데 내가 앞으로 가도 그가 아니 계시고 뒤로 가도 보이지 아니하며, 그가 왼편에서 일하시나 내가 만날 수 없고, 그가 오른편으로 돌이키시나 뵈올 수 없구나."

욥이 안타까운 마음을 호소하기 위해서 동서남북으로 열심히 하나님을 찾았는데, 아무리 찾아도 찾을 수 없을 만큼 하나님은 너무 멀리 계신다고 탄식하고 있습니다. 그처럼 순전하게 하나님을 경외하며 하나님 말씀에서 떠난 적이 없는 욥인데, 그런 욥에게도 하나님은 낯선 분이요 만날 수 없는 분이었다는 것이 욥의 고백입니다.

결국 낯선 분일 수밖에 없는 하나님

욥이 고백한 것처럼 하나님은 침 삼킬 동안도 욥을 놓지 않으시는 분이었습니다. 그런데 같은 입으로 욥은 고백합니다. 하나님은 부르짖으나 침묵하시고, 찾으나 찾을 수 없는 분이시라고. 너무 멀리 계신 분이시라고. 그렇습니다.

하나님은 내 안에 계셔서 나를 돌보시고 깨우치시고 붙들어 인도하시지만, 그러면서도 내 마음대로 조종할 수 없는 분이십니다. 나와는 상관없이 당신 뜻대로 행하시는 분이십니다. 내가 원하는 것은 따로 있는데, 하나님은 내가 원하는 것은 아랑곳 하지도 않으시고 당신 뜻대로 행하십니다. 그래서 아버지같이 친숙한 분으로 알았는데 때로는 당혹스러울 정도로 낯선 분으로 다가올 때가 있습니다.

분명히 하나님을 안다고 생각하고 그분을 기꺼이 예배해왔는데, 어느 때 보면 도무지 알 수 없는 분으로 우리 앞에 서실 때가 있습니다. 그럴 때는 참 당혹감을 느끼지요. 그럴 때면 '정말 하나님은 살아계시기나 하는 것인가?

하는 근본적인 문제에까지 의문을 갖게 될 정도입니다. 그렇게도 열심히 확신있게 믿다가도 어느 날 문득 돌아보면 '내가 정말 하나님을 알고 믿는가?' 하는 생각이 문득문득 들 때가 있는 것도 하나님이 본래 그런 분이시기 때문입니다. 우리가 천국에서 하나님을 얼굴과 얼굴로 마주보게 될 때까지는 하나님은 여전히 우리에게 낯선 분일 수밖에 없습니다. 안타깝지만 이게 사실입니다.

만일 이 사실을 인정하지 않고, 하나님이 구체적으로 포착되지 않는 것을 어떻게든지 극복해 보려고 하다가는 신비한 이단에 빠지든지, 아예 하나님은 존재하지 않는다고 부인하게 되든지, 좌우간 어떤 일이 일어나고야 말 것입니다. 내 손 안에 쥘 수 없는 하나님을 내 손 안에 쥐려고 하는 것은 하나님을 모르는 자의 무모한 종교적 발광일 뿐입니다.

하나님은 왜 침묵하시는가

욥의 또 다른 탄식을 들어봅시다. "내가 포학을 당한다고 부르짖으나 응답이 없고 간구할지라도 신원함이 없구나"(19:7, 개역). 무슨 말입니까? 하나님께서는 철저하게 침묵하신다는 겁니다. 욥의 어려움을 돕기 위해서 어떤 행동도 하지 않으신다는 겁니다.

그렇다면 왜 하나님은 침묵하십니까? 그렇게도 자상하게 말씀하시던 하나님이 왜 이다지도 절박한 때에 한 말씀도 안 하시는 것일까요? 그걸 이해하기 위해서는 먼저 이런 질문을 해보는 것이 좋겠습니다. 만일 이 때 욥에게 고난의 배경을 말해 주셨다거나, 42장의 축복을 말해 주셨다면 어떻게 되었을까요? 그렇게 되면 욥기는 아주 우스운 장난이 되고 말 것입니다.

여러분, 욥기의 핵심이 뭡니까? 욥의 신앙이 하나님이 부어주신 물질적인 축복 때문인지 아닌지를 검증하기 위한 것 아닙니까? 신앙의 진정성을 따져 묻는 것 아닙니까? 그런데 만일 하나님이 욥에게 모든 배경을 다 말해 버리면 어떻게 되겠습니까?

'욥아, 힘들겠지만 조금만 참아. 지금 사단과 내기를 하는 중이거든. 조금만 참으면 돼. 조금만 참으면 나중에 두 배로 축복해 줄게.' 이렇게 하늘의 비밀을 듣고 이유를 안다면야 누가 하나님을 원망하겠습니까? 나중에 배로 축복받게 될 것을 미리 안다면야 누가 못 견디겠습니까? 그렇게 되면 욥의 모든 이야기는 우스운 장난이 되고 말 것입니다. 짜고 치는 고스톱밖에 안 되지 않겠습니까.

그러니 하나님이 말씀하실 수 있겠어요? 안 되지요. 절대 말을 해서는 안 됩니다. 그러니 때가 될 때까지는 안타깝지만 침묵하실 수밖에 없는 겁니다. 아무리 부르짖어도 응답할 수가 없는 겁니다.

그런데 믿음이 좋다는 사람, 신령하다는 사람, 하나님과 직통한다는 사람들 중에는 마치 자기가 하나님의 뜻을 모두 알고 있기나 하는 것처럼 말하는 사람들이 있습니다. 하나님과 자기 사이에는 비밀이 없는 것처럼 말하는 사람들이 있습니다.

이런 사람들은 두말 할 것도 없이 하나님을 모르는 작자들입니다. 하나님을 다 아는 것처럼 빙자해서 자기 이익을 챙기려는 딴 마음을 품은 자들입니다. 한 마디로 말해서 종교 사기꾼 이상도 이하도 아닙니다. 그런데 안타까운 것은 그런 종교 사기꾼을 마치 신령한 하나님의 사람으로 알고 추종한다는 것입니다. 뭐 대단한 것이 있는 줄 착각한다는 것입니다.

여러분! 속지 마십시오. 그들은 종교 사기꾼입니다. 우리가 욥기에서 본 것처럼 하나님께서는 절대로 말씀하지 않는 것이 있습니다. 아무리 부르짖어도 말씀하지 않는 것이 있어요. 때가 될 때까지는 절대 말할 수 없는 하나님의 입장이 있어요. 아무리 하나님과 직통하는 사람이라 할지라도 절대로 교신이 불가능한 일이 있어요. 그런데 어떻게 다 안다고 큰 소리 칠 수 있습니까? 다 안다고 큰 소리 치는 건 100% 거짓이요 속임수입니다. 다 안다고 큰 소리 치는 건 사실 하나님을 모른다고 외치는 것과 같습니다.

또 하나님이 마치 자기 손 안에 있는 것처럼 행세하는 사람들이 있습니다. 자기가 하나님을 손 안에 쥐고 마음대로 주무를 수 있는 것처럼, 그것이 대단한 특권이기나 한 것처럼 부끄러운 줄도 모르고 떠들어대는 사람들이 있습니다. 이런 사람들은 하나님을 몰라도 정말 너무 모르는 사람들입니다.

진실은 이것입니다. 이 세상 어느 누구도 결코 하나님을 다 알 수 없다는 것입니다. 하나님은 아무리 알아도 모르는 구석이 있을 만큼 깊고 크신 분이라는 것입니다. 하나님이 하시는 일은 하도 신기하고 놀라워서 우리 이성의 레이더망에 포착되지 않습니다. 진실이 이러하기 때문에 이 진실을 인정해야 합니다. 위대한 하나님의 사람 욥도 하나님이 하시는 일을 알지 못했습니다. 그처럼 순전하고 정직하여 여호와를 경외하고 악에서 떠났던 욥이지만, 그런 그도 하나님이 하시는 일을 알지 못해서 온 몸으로 절규하고 탄식하며 고통해야 했습니다.

교회의 현실

그런데 대부분의 교회 설교에서는 이런 하나님에 대해서는 거의 말해주지 않습니다. 침묵하시는 하나님, 낯선 하나님에 대해서는 말해주지 않습니다. 우리가 하나님을 알지만 하나님의 모든 것을 다 알 수 없다는 것에 대해서는 말해주지 않습니다. 우리 기도를 들으시고 응답하시는 하나님이시지만 듣지 않으시는 하나님에 대해서는 말해주지 않습니다. 그러나 꼭 기억하십시오. 하나님을 다 알 수 있다고 생각하는 것만큼 하나님을 모르는 일은 없습니다.

사도 바울은 삼층천을 보았고 부활하신 주님을 눈으로 보는 경험을 한 사람입니다. 대단한 경험을 했지요. 아마 바울 같은 경험을 한 사람도 그리 많지 않을 겁니다. 그런데 그런 바울도 이런 고백을 하고 있습니다.

"깊도다. 하나님의 지혜와 지식의 부요함이여! 그의 판단은 측량치 못할 것이며 그의 길은 찾지 못할 것이로다. 누가 주의 마음을 알았느뇨? 누가 그의 모사가 되었느뇨"(롬 11:33-34, 개역).

바로 이 고백이 하나님을 제대로 아는 자의 고백입니다. 그런데 교회를 보면 이해가 되면서도 이해하기 어려운 사실이 있습니다. 성경이 말하는 대로 하나님은 정말 다 알 수 없는 분이시라고 설교하면 성도들은 이상하게도 은혜가 안 된다고 생각한다는 것입니다.

그런 설교는 신앙에 도움이 안 된다고 생각합니다. 단순하고 명쾌하고 확신에 찬 설교를 좋아하지 '깊도다. 하나님의 지혜와 지식은 측량치 못할 것이며, 그의 길은 찾지 못할 것이로다' 라고 설교하면, 그런 설교는 복잡하고 잡히는 게 없다며 싫어합니다. 그러나 설교는 은혜가 되느냐 안 되느냐, 신앙에 도움이 되느냐 안 되느냐보다 하나님을 정직하게 설교하느냐 안 하느냐가 더 중요합니다.

양면성을 붙잡아야

서두에서 말씀드린 것처럼 하나님은 다차원적인 분이십니다. 양면성을 가진 분이십니다. 그러기 때문에 말씀하시지만 동시에 침묵하십니다. 우리 가까이 계시지만 동시에 아주 멀리 계십니다. 우리에게 아주 친숙한 분이시지만 동시에 아주 낯선 분이십니다. 어제나 오늘이나 내일이나 변함이 없으신 분이시지만 동시에 어제 다르고, 오늘 다르고, 내일 다르십니다. 우리에게 자신을 알리시지만 동시에 숨기십니다. 스스로를 계시하시는 하나님은 항상 은폐된 하나님과의 긴장 속에서 존재하십니다.

그러면 이와 같은 이중 구조의 틈바구니 속에서 우리는 어떻게 해야 하겠습니까? 이거 붙들었다 저거 붙들었다, 이리 왔다 저리 갔다 해야 하는 것입니까? 그렇지 않습니다. 욥을 봅시다. 욥은 하나님이 하시는 일을 알지 못했지만, 그럼에도 불구하고 여전히 하나님을 향한 욥의 신뢰는 변함이 없었습니다. 하나님은 침묵하시지만 욥은 여전히 하나님이 말씀하시는 분이심을 믿었습니다. 아무런 도움의 손길도 베풀지 않았지만 하나님은 내가 가는 길을 알고 계신다고 고백했습니다. 너무나 낯선 분이라고 탄식했지만 여전히 하나님을 가까이 계신 분으로 인정하며 살았습니다.

바로 이런 신앙이 건강한 신앙이요 균형잡힌 신앙입니다. 건강한 신앙은 하나님의 양면성을 다 인정하고 받아들이는 신앙입니다. 욥은 하나님의 양면성을 동시에 붙잡았기에 위기의 때에 신앙을 잃지 않을 수 있었습니다.

만일 부분적인 하나님이 전체로서 응고되고 절대로서 화석화되어 양면성의 긴장을 놓치게 된다면 어떻게 될까요? 자기 주장을 절대화하는 바리새주의나 배타주의, 근본주의의 함정에 빠지게 되겠지요. 그렇게 되면 세상과 인간을 구원하는 신앙이 아니라 집단 이데올로기로 전락해 세상을 규정하고 심판하는 자리에 서게 될 것입니다.

그리고 교회 역사를 살펴보면 거의 언제나 부분을 전체로 알고 절대화하는 자들이 기독교를 가장 심하게 일그러뜨렸던 것을 볼 수 있습니다. 기독교뿐 아니라 모든 사상과 종교에서도 사정은 다르지 않습니다. 부분을 절대화하는 자들의 무지와 열정이 민족과 민족 간에, 종교와 종교 간에, 문명과 문명 간에 충돌을 일으켰고 잔인한 폭력과 살상을 저지르게 했던 근본 원인이었습니다. 이런 역사를 돌이켜볼 때 부분을 전체로 알고 절대(絶對)로 아는 무지와, 무지에서 나오는 열정보다 더 위험한 것은 없다고 생각됩니다.

고난에 대한 욥의 해석

욥이 자신의 고난을 놓고 하나님께 절규하고 친구들과 논쟁하면서 처음과 다르게 한 가지 발전한 것이 있습니다. 이것은 매우 중요한 발전인데, 자기 고통을 하나님의 단련하심으로 해석하게 되었다는 것입니다.

"나의 가는 길을 오직 그가 아시나니 그가 나를 단련하신 후에는 내가 정금 같이 나오리라"(23:10, 개역). 이건 참으로 놀라운 고백입니다. 이 고백은 지금까지 욥의 고백과는 다른, 한 차원 높은 고백입니다. 지금까지는 고난의 이유를 알지 못해 탄식하는 고백이었습니다. 하나님께 항의하며 따져 묻는 탄원의 소리였습니다.

하지만 이제 달라졌습니다. 고난의 이유를 깨닫게 된 것입니다. 하나님이 고난을 주신 것은 바로 나 자신을 위한 것이라는 걸 깨달은 것입니다. 하나님은 고난을 통해서 아직도 자기 속에 남아 있는 불순물을 정제하고 무균질의 깨끗한 믿음의 사람으로 만드시려고 하시는 것임을 깨달았습니다. 비록 욥 자신은 자기가 어디까지 가야 할지 그 끝을 모르고 있지만, 하나님께서는 분명히 자기를 단련하여 정금같이 나오게 하실 것이라는, 미래에 대한 굳센 신뢰를 하나님께 고백하고 있습니다.

탁월한 지혜의 사람 파스칼은 말했습니다. "우리는 매일 먹고 또 잠을 자지만 지치지 않는다. 주림과 수면이 새로 오기 때문이다. 만일 평화와 행복만이 계속된다면 우리의 정신은 금방 지쳐 버리고 말 것이다. 고통은 정신의 양식이다. 사람에게 고통이 없다면 극히 무능력한 상태가 오고 말 것이다."

그렇습니다. 고통은 정신의 양식입니다. 고통은 환영할 만한 것은 아니지만 꼭 필요한 것입니다. 하나님은 우리를 온전케 하시고 건강한 하나님의 사람으로 세우기 위해서 고통이라는 정신의 양식을 사용하십니다.

욥은 말합니다. "그의 뜻이 일정하시니 누가 능히 돌이킬까. 그가 마음에 하고자 하시는 것이면 그것을 행하시나니 그런즉 내게 작정하신 것을 이루실 것이라. 이런 일이 그에게 많이 있느니라"(23:13-14, 개역).

욥은 자신의 고통이 뜻 없는 고통이 아님을 믿었습니다. 하나님께는 분명히 뜻이 있고, 결국 그 뜻하신 바를 이루실 것을 믿었습니다. 그렇게도 멀리 계시고, 부르짖어도 침묵하시는 하나님이시지만 여전히 하나님을 신뢰하며 그분의 뜻대로 성취될 것을 믿었습니다. 이 얼마나 아름답고 올곧은 신앙입니까? 폭이 넓고 깊이가 있는 신앙입니까?

하나님의 침묵, 하나님의 멀리 계심, 하나님의 낯섦, 이런 것들이 욥을 답답하게 했고 고통스럽게 했습니다. 하지만 욥의 신앙을 흔들지는 못했습니다. 하나님이 침묵하시고, 멀리 계시고, 낯섦에도 불구하고 여전히 하나님은 가까이 계시고, 말씀하시고, 친숙한 분이셨기 때문에 욥의 신앙에는 아무런 변화를 주지 못했습니다.

오늘 우리에게 필요한 신앙 자세도 바로 이런 것입니다. 부분만 붙잡고 늘어지는 신앙이 아니라 전체를 조망하며 하나님의 양면성을 동시에 붙잡고 씨름하는 통합적인 신앙 자세가 절실하게 요청됩니다. 또한 욥의 고백처럼 "그가 마음에 하고자 하는 것이면 그것을 행하시나니 그런즉 내게 작정하신 것을 이루실 것이라"(23:13, 개역)는 절대 신뢰의 고백이 필요합니다.

6장

하나님은 참 이상한 분입니다. 생각할수록 이상한 분이십니다.

누구는 넘치게 하시고 누구는 부족하게 하십니다. 왜 그럴까요?

넘치게 받은 자가 부족하게 받은 자와 나누라고,

나눔을 통해서 진정한 축복의 세계를 열게 하시려고

누구는 넘치게 하시고 누구는 부족하게 하시는 것이라고 믿습니다.

"욥이 다시 비유를 써서 말을 하였다. 지나간 세월로 되돌아갈 수만 있으면, 하나님이 보호해 주시던 그 지나간 날로 되돌아갈 수만 있으면 좋으련만! 그 때에는 하나님이 그 등불로 내 머리 위를 비추어 주셨고, 빛으로 인도해 주시는 대로 내가 어둠 속을 활보하지 않았던가? 내가 그처럼 잘 살던 그 시절로 다시 돌아가서 살 수 있으면 좋으련만! 내 집에서 하나님과 친밀하게 사귀던 그 시절로 되돌아갈 수 있으면 좋으련만! 그 때에는 전능하신 분께서 나와 함께 하시고, 내 자녀들도 나와 함께 있었건만. 젖소와 양들이 젖을 많이 내어서 내 발이 젖으로 흠뻑 젖었건만. 돌짝 밭에서 자란 올리브 나무에서는 올리브 기름이 강물처럼 흘러 나왔건만. 그 때에는 내가 성문 회관에 나가거나 광장에 자리를 잡고 앉으면 젊은이들은 나를 보고 비켜서고, 노인들은 일어나서 내게 인사하였건만. 원로들도 하던 말을 멈추고 손으로 입을 가렸으며, 귀족들도 입천장에 달라붙기나 한 것처럼 목소리를 죽였건만. 내 소문을 들은 사람들은 내가 한 일을 칭찬하고 나를 직접 본 사람들은 내가 한 일을 기꺼이 자랑하고 다녔다. 내게 도움을 청한 가난한 사람들을 내가 어떻게 구해 주었는지, 의지할 데가 없는 고아를 내가 어떻게 잘 보살펴 주었는지를 자랑하고 다녔다. 비참하게 죽어가는 사람들도 내가 베푼 자선을 기억하고 나를 축복해 주었다. 과부들의 마음도 즐겁게 해주었다. 나는 늘 정의를 실천하고 매사를 공평하게 처리하였다. 나는 앞을 못 보는 이에게는 눈이 되어 주고, 발을 저는 이에게는 발이 되어 주었다. 궁핍한 사람들에게는 아버지가 되어 주고, 알지도 못하는 사람들의 하소연도 살펴보고서 처리해 주었다. 악을 행하는 자들의 턱뼈를 으스러뜨리고 그들에게 희생당하는 사람들을 빼내어 주었다"(욥기 29:1-17).

6장 욥이 걸어온 신앙인의 길

하나님은 끝없이 사랑하시고 용서하시면서도 죄를 심판하십니다. 우리 인생길을 당신의 뜻대로 인도하시면서도 우리의 자유의지를 허용하십니다. 하나님은 우리를 축복하시지만 동시에 우리를 단련하시고 훈련하십니다. 말씀하시면서도 침묵하십니다.

하나님께서는 우리들에게 당신을 알리시지만 숨기시고, 가까이 계시면서도 아주 멀리 계십니다. 하나님은 원칙을 지키고 질서를 지키시는 분이십니다. 그러나 동시에 어떤 원칙이나 질서에도 얽매이지 않으시는 자유자이십니다.

우리가 하나님을 믿을 때 이 두 가지 면을 다 보아야 합니다. 부분적으로가 아니라 통합적으로 보아야 합니다. 그래야 어려움을 만나도 신앙이 흔들리지 않을 수 있습니다. 만일 어느 한 면만 보고 그것이 하나님의 전부인 것처럼 생각하게 되면 신앙이 한쪽으로 치우칠 가능성이 많습니다. 욥의 친구들처럼 엉뚱한 실수를 하게 될 것이고, 어려움을 만나면 신앙이 견뎌 내지를 못하게 될 것입니다.

부분에 머물고 부분에 매인 신앙으로는 인생의 다양한 상황들을 끌어안을 수 없습니다. 전체를 볼 수 있어야 피조세계 전체를 끌어안는 신앙생활, 인생 전체를 품어내는 신앙생활을 할 수 있습니다.

아, 그리운 옛날이여

욥은 친구들과 끈질긴 논쟁을 하면서 자기는 죄를 지은 것이 없다고, 내 손은 깨끗하다고 변명해왔습니다. 친구들이 주장하는 것처럼 그렇게 엄청난 죄를 지은 것이 없다고 자신의 결백을 고집했습니다. 불꽃같은 눈으로 지켜보시는 하나님 앞에서도 자기는 정말 흠없이 살아왔노라고 목청을 높였습니다. 그러다가 논쟁을 마칠 때쯤 욥은 자신의 지난날을 이야기합니다. 지금은 비록 형편없는 지경에 빠져 허우적거리고 있는 욥이지만 지난날 자신이 살아온 발걸음을 하나하나 생각하며 이야기합니다. 욥이 회상하는 과거를 들어볼까요?

욥은 먼저 과거의 좋았던 시절로 다시 돌아갔으면 좋겠다고 말합니다. "지나간 세월로 되돌아갈 수만 있으면, 하나님이 보호해 주시던 그 지나간 날로 되돌아갈 수 있으면 좋으련만!"(29:2). 공동번역을 보면 욥의 마음이 좀더 감성적으로 표현되어 있습니다. "지나간 옛 시절은 영영 돌아오지 않으려나! 하나님께서 지켜주시던 그 날은 끝내 돌아오지 않으려나!" 하나님이 지켜주시며 행복으로 충만했던 옛 시절로 돌아갈 수만 있다면 다시 그 옛날처럼 살고 싶은 것이 욥의 희망입니다.

욥이 다시 돌아가고 싶은 옛날은 이러했습니다. 그 때는 하나님의 등불이 욥의 머리를 비추었고, 욥은 그 광명을 힘입어 어둠을 몰아내고 신리의 빛 가운데서 살았습니다. 세상엔 깊은 어둠이 있었지만 욥은 어둠에 싸여 방황하거나 방탕하지 않았습니다. 진리의 빛 가운데서 깨끗하게 살았습니다. 욥의 가정 위에는 언제나 하나님의 사랑이 머물러 있었습니다. 사랑하는 자식들은 언제나 욥 주변을 맴돌고, 아내는 기쁨과 즐거움으로 충만해 있었습니다. 우유로 발을 씻고, 기름이 강을 이룰 정도로 모든 것이 풍부했습니다. 가난한 자들과 고아들을 구제했고 사람들에게도 존경을 받았습니다.

욥은 이런 고백도 합니다. "내가 언제 금으로 내 소망을 삼고 정금더러 너는 내 의뢰하는 바라 하였던가? 언제 재물의 풍부함과 손으로 얻은 것이 많음으로 기뻐하였던가"(31:24, 개역). 무슨 말입니까? 욥이 그 시절을 그리워하며 그 시절로 다시 돌아가고 싶어하는 것은 단지 세상적으로 잘 나갔기 때문에 그러는 건 아니라는 것입니다. 욥이 진실로 지난날을 그리워하는 것은 그 시절이 하나님과 더불어 행복을 누리던 시절이었기 때문이었습니다. 하나님 때문에 부족한 것이 없었고 하나님의 돌봄으로 진리의 빛 가운데 살 수 있었던 시절이었기 때문이었습니다.

신앙인의 길을 걸었던 욥의 발자취

욥은 그 시절에 존귀한 자로 대접받았습니다. 사람들의 존경을 한 몸에 받았습니다. 젊은이들은 말할 것도 없고, 노인들까지도 욥 앞에서 함부로 행동하지 않을 정도였으니까 어느 정도였을지는 짐작할 수 있을 것입니다. 욥이 나타나면 다들 욥에게 예의를 갖추었습니다. 다들 욥의 말을 잠잠히 들을 뿐, 감히 그 앞에서 입을 놀리지 못했습니다. 다들 욥의 가르침을 기다리고 욥이 의견을 말하면 고개를 끄덕였습니다. 어떤 상황에서든지 욥이 한마디 하면 그것이 최종적인 결론이었습니다.

물론 이렇게 된 것은 욥이 힘을 자랑하는 권세가라서가 아니었습니다. 욥은 힘으로 사람들을 누르는 얼간이가 아니었습니다. 욥은 권위있는 지도자였습니다. 그는 부자였지만 교만하지 않았습니다. 요즘 재벌들처럼 거대한 저택을 지어놓고 아무도 들어오지 못하도록 높다란 담장을 둘러치고, 무인 카메라로 집 주변을 감시하고, 힘센 경비원을 동원하고, 그것도 모자라서 외국산 개들을 곳곳에 풀어 놓아 철통같이 지키지 않았습니다.

욥의 집 대문은 누구에게나 활짝 열려 있었습니다. 부르짖는 빈민을 도왔고 고아를 건져주었습니다. 서러움을 안고 찾아온 과부의 서러움은 금세 기쁨으로 바뀌었습니다. 목메어 우는 사람들은 위로를 받았습니다. 소경에게는 눈이 되었고 절뚝발이에게는 발이 되었습니다. 얼마나 가난한 자들을 잘 돌보아 주었는지 거지들이 욥을 아버지로 여길 정도였습니다. 욥은 많은 종들을 거느리고 있었지만 그들을 멸시하지 않았습니다. 31장을 보겠습니다.

"남종이나 여종이 나로 더불어 쟁변할 때에 내가 언제 그의 사정을 멸시하였던가. 그리하였으면 하나님이 일어나실 때에는 내가 어떻게 하겠느냐. 하나님이 국문하실 때에는 내가 무엇이라 대답하겠느냐. … 내가 언제 가난한 자의 소원을 막았던가. 과부의 눈으로 실망케 하였던가. 나만 홀로 식물을 먹고 고아에게 먹이지 아니하였던가. … 내가 언제 사람이 의복이 없이 죽게 된 것이나 빈궁한 자가 덮을 것이 없는 것을 보고도 나의 양털로 그 몸을 더웁게 눕혀서 그로 나를 위하여 복을 빌게 하지 아니하였던가"(31:13-20, 개역). 이것이 욥이 회상하는 지나온 삶의 발자취였습니다.

청지기로 성실했던 욥

우리는 욥이 회상하는 삶의 발자취를 통해서 신앙인이 걸어야 할 길이 어떤 길인지를 배울 수 있습니다.

첫째, 욥은 하나님의 청지기로 성실하게 살았습니다. 욥은 재물이 많았지만 재물의 노예로 살지 않은 아주 드문 사람 중의 한 사람이었습니다. 그는 언제나 하나님의 청지기라는 사실을 잊지 않았습니다. 그래서 욥은 하나님이 주신 그 많은 재물을 자기 것이라고 고집하며 개인적으로 축재하지 않았습니다. 가난한 자들에게 아낌없이 퍼주었습니다. 하나님이 주신 것인 줄 알고 하나님의 이름으로 고아와 과부를 돌보았습니다.

사람은 에덴동산에서부터 지금까지 줄곧 세상의 주인이 되려고 발버둥쳤습니다. 세상을 노예로 삼기 위해 세상을 지배하려는 죄를 지었습니다. 조금만 힘이 있으면 그 힘으로 다른 사람을 지배하려 하고, 다른 민족을 지배하려 하고, 다른 문화를 지배하려 한 것이 사람이 걸어온 길입니다. 그것이 물리적인 힘이든, 도덕적인 힘이든, 정치적인 힘이든, 정신적인 힘이든, 힘이 있으면 그 힘을 이용해서 다른 사람을 지배하려 하는 것이 사람의 본능입니다. 심지어 영적인 힘까지도 사람을 지배하는 데 사용할 정도입니다.

그래서 사람이 걸어온 길을 보면 언제나 전쟁이 있었고 싸움이 있었습니다. 부부 간에도 이런 저런 일들로 말다툼을 하지만 깊이 따지고 보면 사실은 주도권 싸움입니다. 자존심에서 밀리지 않으려고, 의사 결정 과정에서 무시당하는 게 싫어서 싸우는 것이라고 볼 수 있습니다. 어쨌든 사람은 서로 더 큰 주인이 되려고 발버둥쳐 온 것이 사실입니다.

그러나 욥은 힘으로 세상을 지배하려 하지 않았습니다. 지배하고자 하는 본능이 없어서였겠습니까? 아닙니다. 욥이라고 왜 지배 본능이 없겠습니까? 똑같은 아담의 후손인데요. 이 세상에 지배하고자 하는 본능이 없는 사람은 단 한 사람도 없습니다. 모든 사람은 본능적으로 권력 지향적입니다. 그런 욥이 지배 본능을 억제하고 약한 자들을 기꺼이 섬길 수 있었던 것은 지배 본능을 억제하기 위해서 치열하게 싸웠기 때문입니다. 자기 내부에 있는 지배 본능과 치열하게 싸웠기 때문에 하나님이 주신 재물과 권위를 섬김의 도구로 사용할 수 있었습니다.

욥의 삶을 깊이 묵상해 보면 욥이 치열하게 싸운 것은 세상이 아니었습니다. 땅에 떨어진 도덕도 아니었습니다. 사회의 부정 부패도 아니었습니다.

다른 사람도 아니었습니다. 욥의 싸움의 대상은 언제나 자기 자신이었습니다. 자기 속에 있는 죄악이었습니다. 속에서 꿈틀거리고 있는 지배 본능과 소유 본능이었습니다. 욥이 공개적으로 말하지는 않았지만, 그는 지배 본능과 소유 본능의 노예가 되지 않기 위해 치열하게 싸웠을 것이 분명합니다.

욥이 이 싸움을 싸우지 않았을 것이라고 상상하는 것은 전혀 불가능한 일입니다. 욥은 결코 타고난 의인이 아니었습니다. 치열한 내적 싸움을 통해서 단련된 의인이었지 타고난 의인이 아니었습니다. 그리고 욥이 지배 본능과 소유 본능과의 싸움을 포기하지 않고 싸워 이겼기 때문에 하나님의 청지기로 살 수 있었다고 믿습니다.

욥뿐 아닙니다. 모든 하나님의 사람들은 자기 자신과의 싸움에서 승리한 사람들입니다. 죄악의 본능을 주님의 십자가 아래 묻어 버린 사람들입니다. 바울도 고백했습니다. "나는 날마다 죽노라"(고전 15:31). 바울이 죽도록 하나님의 부름에 충성할 수 있었던 것은 그가 날마다 죽었기 때문입니다. 하나님의 뜻을 거스르는 옛사람과 날마다 싸웠기 때문입니다.

여러분, 욥의 삶에서 지배자의 모습을 찾을 수 있다면 한 번 찾아보십시오. 아무리 샅샅이 뒤져 봐도 찾을 수가 없습니다. 그는 기꺼이 섬기려 했습니다. 그래서 그런지 욥의 이야기를 들어보면 거짓으로 꾸미는 게 없습니다. 언제나 바르고 정직합니다. 아주 솔직 담백합니다.

그는 고백합니다. "나는 의로움을 내 옷으로 삼고 언제나 바르고 정직하게 살았으며"(29:14, 현대인의 성경). 욥이 이처럼 정직할 수 있었던 것은 그 마음속에 사심이 없었기 때문입니다. 사람이 마음에 사심을 품으면 거짓을 꾸미게 됩니다. 모든 상황을 자기에게 유리하게 만들려 하고, 자기 이익을 최대치로 끌어올리려고 하다 보면 자기도 모르게 거짓이 나오고 다른 사람을 등치게 됩니다. 욕심이 잉태하면 거짓이라는 죄를 낳습니다.

그러나 욥은 사심이 없었기 때문에 정직할 수 있었습니다. 또 사심이 없었기 때문에 청지기로 살 수 있었습니다. 이렇게 사심없이 청지기로 살았기 때문에 욥은 당대 최고의 재벌이었으면서도 사람들에게 대문을 열 수 있었고 존경을 받을 수 있었습니다.

생활로 예배하는 삶

욥의 삶에서 배워야 할 두 번째 교훈은 이것입니다. 욥의 신앙이 종교적인 영역에만 머물지 않았다는 사실입니다. 욥은 단지 하나님을 예배하는 것으로 끝내지 않았습니다. 욥의 신앙은 종교적인 영역뿐 아니라 모든 삶의 영역으로까지 확대되어 있었습니다. 재물을 관리하고 사용하는 경제생활, 가정생활, 사회생활, 언어생활, 여러 형태의 인간관계, 윤리적인 문제, 이 모든 것이 다 신앙의 문제였습니다.

이런 모든 삶의 영역을 신앙의 차원에서 살았습니다. 다시 말하면 신앙과 삶이 분리되지 않았습니다. 생활이 곧 예배였습니다. 어느 것 하나도 하나님과 단절된 것이 없었습니다. 그렇다고 해서 욥의 생활이 대단한 건 아니었습니다. 신비하고 쉽게 범접할 수 없는 초인같은 생활을 한 것은 아니었습니다. 지극히 상식적이고 정상적인 삶을 살았을 뿐입니다.

욥이 걸어온 길을 모세 율법에 비추어 보면 율법에 순종한 삶이었습니다. 율법에 얽매이지 않으면서도 율법을 성취한 삶이었습니다. 욥은 안식일을 지키기 위해서 억지로 애쓰지 않았습니다. 우상을 섬기지 않으려고 억지로 삼가하지 않았습니다. 재물을 탐내지 않으려고 억지로 참지 않았습니다. 여호와를 경외하는 것, 이 하나로 모든 문제는 자연스럽게 해결되었습니다.

율법을 지키려고 지킨 게 아닌데 율법을 지키고 있었습니다. 바로 이것이 참 신앙인의 삶입니다. 하나님이 우리에게 원하시는 것도 바로 이런 삶입니다. 율법에 종노릇하는 삶이 아니라 율법과 동행하는 삶, 율법을 기뻐하고 즐거워하여 율법이 내 밖에 있는 것이 아니라 내 안에 있고, 그래서 율법이 곧 내 삶의 가치관이고 지향점인 그런 삶, 이런 삶이 하나님이 원하시는 삶입니다. 우리를 죄의 저주에서 불러내어 그리스도의 십자가로 용서하시고 하나님 자녀 삼으신 것도 바로 이런 삶을 살게 하시려고 구원하신 것입니다.

욥은 어떻게 모든 생활로 하나님을 경배할 수 있었는가

이쯤에서 한 가지 생각해볼 것이 있습니다. 욥이 그처럼 모든 생활로 하나님을 경배하고 율법과 동행하는 삶을 살 수 있게 된 데는 어떤 배경이 있을까 하는 점입니다. 이것을 살펴봐야 우리도 욥과 같은 삶을 살 수 있겠기에 그 배경을 생각해볼 필요가 있습니다.

욥이 지난날 성공적인 삶을 살 수 있었던 배경이 무엇일까요? 욥에게 있어서 배경은 딱 하나입니다. '여호와 경외'입니다. 그게 전부입니다. 욥은 순전하고 정직하게 여호와를 경외했습니다. 다른 꿍꿍이속이 없었습니다. 여호와를 경외하는 것 자체가 욥에게는 소중했습니다. 바로 이것이 욥의 성공적인 인생을 해서하는 열쇠입니다.

욥의 삶은 언제나 하나님이 핵심이었습니다. 하나님이 참 주인이셨습니다. 그래서 하나님께 감사했고 모든 생활이나 많은 재물을 하나님 뜻대로 사용하려 했습니다. 하나님 말씀이 욥이 가야 할 길을 밝히는 진리의 빛이었고 들어야 할 지혜였습니다. 모든 것의 판단 기준이었습니다. 하나님을 빼놓고서는 돌멩이 하나도 생각할 수가 없었습니다. 아침에 눈을 떠서 저녁

잠자리에 들 때까지 크고 작은 생활의 중심에 하나님이 있었습니다.

단지 생활에 전념하느라 마음을 빼앗기는 일이 없었습니다. 일에 정신이 빠져서 하나님을 망각한다는 것은 있을 수 없는 일이었습니다. 월요일부터 토요일까지는 내 인생의 의미와 보람을 찾고 가족들의 생계를 위해서 열심히 일하다가, 일요일 아침이 되면 하나님을 기억하고 교회 나와서 예배하는 그런 신앙이 아니었습니다.

생활 전체가 하나님 안에 있고, 생활 전체가 곧 예배였습니다. 밭에 있든지, 회사에 있든지, 연구실에 있든지, 부엌에 있든지, 하나님을 의식하고 하나님이 뭘 원하시는지 물으면서 생활했습니다. 바로 이런 배경이 있었기 때문에 욥이 다른 사람과는 다르게 율법을 성취하는 삶을 살 수 있었고, 악에서 떠날 수 있었습니다. 욥이라는 사람이 본래부터 양심이 바르고 사람 됨됨이가 달라서가 아니었습니다. 모든 생활 속에서 여호와를 경외했기 때문이었습니다.

그렇습니다. 여호와를 경외하면 여호와를 경외하는 것으로 끝나지 않습니다. 여호와를 경외하면 삶이 정상으로 회복됩니다. 하나님께 집중하면 나도 모르게 그냥 자연스럽게 삶이 본래의 모습으로 회복됩니다. 삐뚤어지고 왜곡되고 부패한 것들이 모두 제자리로 돌아옵니다. 창조의 원상으로, 창조 질서의 균형있는 상태로 돌아옵니다.

그런데 반대로 하나님께 집중하지 않고 멀어지면 이상하게 생활이 삐뚤어지고 왜곡되고 질서가 깨집니다. 하나님에게서 멀어지면 정상적인 삶에서도 멀어집니다. 신앙생활을 한다고 하지만 하나님에게서 멀어지면 하나님 뜻대로 살아야 한다는 것이 부담스럽게 되고, 율법을 지킨다고 해도 억지로 마지못해서 지키게 됩니다. 그야말로 율법이 율법이 되고 맙니다. 신앙생활은 형식화되고, 할 수만 있으면 빠져 나가려 들고, 자꾸만 하나님이나 교회에 얽매이는 것 같고, 그래서 귀찮아지고, 하나님을 의식하지 않고 살아야 자유롭게 살 수 있을 것 같은 생각이 자꾸만 들게 됩니다. 마음엔 기쁨의 샘이 메말라가고 어둠이 밀려듭니다.

그러나 여호와를 경외하면 모든 게 자연스러워집니다. 숨을 쉬는 것처럼 자연스러워집니다. 옆에 있는 사람에게 친절하게 되고, 겸손하게 되고, 가난한 자가 있으면 내 지갑을 털게 되고, 열심히 일하게 되고, 학생은 공부하게 되고, 시간을 아끼게 되고, 기도하게 되고, 필요없는 물건은 사지 않게 되고, 정직하게 되고, 죄악을 미워하게 되고, 하나님을 예배하게 됩니다. 태양이 비추면 안개가 걷히듯이 어둠이 걷히고 생활이 밝아집니다. '예배 나오시오. 예배 나오시오' 하고 말할 필요가 없습니다. '큐티 하시오. 성경공부에 참여하시오' 하고 말할 필요가 없어집니다. 어린 아기가 엄마 뱃속에서 태어나면 자연스럽게 숨을 쉬고 젖을 빨게 되듯이 여호와를 경외하면 자연스럽게 예배하게 됩니다. 성경 말씀을 묵상하게 됩니다.

혹 숨을 쉬는 게 힘들어서 못 살겠다는 사람 있습니까. 그런 분 있으면 한 번 손들어 보세요. 예배하는 것이 힘들어서 하나님 못 믿겠다고 하는 것은 숨 쉬는 게 힘들어서 못 살겠다고 하는 사람만큼이나 우스운 일입니다. 여러분, 숨을 쉬지 않는 게 힘들지 숨을 쉬는 건 힘들지 않습니다. 하나님께 예배하는 것도 마찬가지예요. 하나님을 알게 되면 하나님을 예배하지 않는 게 힘들지 예배하는 게 힘들지 않습니다. 여호와를 경외하면 율법과 동행하지 않는 게 고통스럽지 율법과 동행하는 것은 물 흐르듯 자연스러워집니다. 모든 생활이 정상으로 회복됩니다. 욥이 그랬습니다. 욥은 여호와를 경외함으로 지극히 정상적인 삶을 살 수 있었습니다.

하나님이 삶의 중심이었기 때문에 다른 어떤 것에도 얽매이지 않는 진정한 자유인의 삶을 살 수 있었습니다. 부에도 처할 줄 알고 가난에도 처할 줄 아는 자유인으로 살 수 있었습니다. 욥이 하나님께 얽매이니 세상의 모든 것으로부터 자유하게 되었습니다. 명예, 재산, 사람들의 평가, 육체의 욕심, 죄악된 본성, 성공에 대한 야망, 지배의 본능, 이 모든 것으로부터 자유하게 되었습니다. 우리도 진심으로 여호와를 경외하면 욥과 같이 자유인으로 살 수 있습니다. 정상적인 삶, 창조적 원상을 회복하는 삶을 살 수 있습니다. 율법과 동행하는 삶을 살 수 있습니다. 그리고 바로 이것이 신앙의 결론입니다.

신앙 열차의 종착역

하나님은 신앙을 통해서 우리를 어디로 이끌어 가느냐 하면 '정상적인 삶'으로 이끌어 갑니다. 하나님께 집중하면 집중할수록, 하나님을 경외하면 경외할수록 신앙이라는 열차는 '정상적인 삶'이라는 종착역을 향하여 달려 갑니다.

그러면 오늘 우리의 신앙은 어떻습니까? 우리의 신앙은 문제를 해결받고, 물질적인 축복을 보장받는 곳으로 달려가고 있지 않습니까? 율법과 동행하는 정상적인 삶이 아니라 성공으로 내달리고 있지 않습니까? 여러분, 제가 지나치게 부정적으로 평가하는 것인가요? 만일 이것이 부정적인 평가가 아니고 어느 정도 사실이라면 묻지 않을 수 없습니다. 욥이나 이 시대 그리스도인이나 똑같이 한 하나님을 믿고, 한 말씀을 듣고, 한 신앙을 고백하고 있는데, 왜 욥의 신앙과 이 시대 그리스도인의 신앙의 종착역이 다른 것입니까? 달라도 너무 다르지 않습니까?

왜죠? 왜 신앙의 종착역이 그렇게도 다른 것입니까? 그것은 신앙의 열차를 운전하는 운전자가 다르기 때문이라고 생각됩니다. 하나님이 내 신앙의 열차를 운전하지 않고 내가 운전하고 가니까 엉뚱하게 성공이라는 목적지로 달려가는 것이라고 생각됩니다.

우리의 신앙생활을 한 번 정직하게 들여다 봅시다. 과연 신앙 열차의 운전석에 누가 앉아 있는지요? 운전석에는 내가 턱 버티고 앉아 있고, 열차의 뒤꽁무니에는 하나님이 두 팔 걷어붙이고 내가 가고자 하는 목적지로 죽어라고 밀고 있지는 않습니까? 지금 여러분이 하나님을 부리고 있지는 않습니까? 물론 의식적으로야 그러지 않겠지요. 하나님을 운전석에 모시고 가고 있다고 생각하시겠지요.

그러나 우리들의 무의식 속에는 이미 수천 년 동안 길들여진 습성이 있어서 믿음으로 하나님을 부리는데 익숙해 있다고 생각됩니다. 내가 하나님의 뜻대로 사는 것보다는 하나님을 통해서 뭔가 내 뜻과 이익을 얻어 내는데 익숙해 있다고 생각됩니다. 여러분, 솔직하게 한 번 돌아보십시오. 그렇지 않습니까? 이것이 어제나 오늘이나 변함없이 계속된 교회의 영적 위기가 아닌가요? 나는 그게 사실이라고 생각합니다. 부끄럽지만 인정할 것은 인정해야 한다고 생각합니다. 그래야 우리 신앙이 회복될 수 있겠기에, 하나님께서 우리네 삶을 '정상적인 삶' 이라는 종착역으로 인도해 가실 수 있겠기에 하는 말입니다.

만일 그러지 않고 계속해서 내가 운전석에 버티고 앉아 있으면 흐트러진 삶은 정상으로 회복되지 않습니다. 아무리 신앙으로 산다고 해도 그건 자신의 착각일 뿐, 세상 사람들이나 다를 바 없는 생활을 하게 됩니다. 내가 주인 노릇하는 한 절대 달라지지 않습니다. 어디 그뿐입니까? 저 놈들은 하나님까지 이용해 먹는 놈들이라는 비난을 받게 될 것입니다. 이미 알게 모르게 예수 믿는 것들은 하나님까지 이용해 먹는 놈들이라는 비난을 받고 있지만 말입니다.

욥기를 보면, 처음부터 여호와를 경외하는 것과 악에서 떠나는 것이 따로
가 아닌 한 묶음이었습니다. "우스 땅에 욥이라 이름하는 사람이 있었는데
그 사람은 순전하고 정직하여 하나님을 경외하며 악에서 떠난 자더라"(1:1,
개역). 또 한참을 넘어가서 28장을 봅시다. "또 사람에게 이르시기를 주를
경외함이 곧 지혜요 악을 떠남이 명철이라 하셨느니라"(28:28, 개역). 이 말
씀에서 확인할 수 있는 것처럼 여호와를 경외하는 것과 악에서 떠나는 것이
한 묶음입니다. 이것이 신앙의 진정한 결론입니다. 정상적인 삶이 신앙의
종착역입니다. 하나님은 욥을 신앙의 진정한 종착역으로 인도하셨습니다.
우리도 신앙 열차의 운전석을 하나님께 맡기면 하나님이 '정상적인 삶'이
라는 종착역으로 한 걸음 한 걸음 인도해 가실 것입니다.

진정한 축복의 세계

셋째 교훈을 살펴봅시다. 이것은 축복과 관련된 문제입니다. 앞에서도 보
았다시피 욥은 하나님의 축복을 받는 것으로 끝나지 않았습니다. 욥은 하나
님이 주신 축복을 가난한 자들과 나누었습니다. 하나님 뜻대로 나누었습니
다. 그리고 욥은 이 나눔을 통해서 진정한 축복의 세계를 열었습니다. 그렇
습니다. 나눔이야말로 진정한 축복의 세계입니다.

하나님이 주신 축복을 나눌 때 거기에 진정한 축복의 세계가 열립니다. 하
나님이 주신 축복을 나누지 않고 축복 받은 것으로 끝난다면 그것은 더 이상
축복이 아닙니다. 축복이 축복에 머무르면 그것은 축복이 아니라 저주가 될
가능성이 많습니다.

왜냐고요? 그 축복 때문에 인생이 망할 가능성이 많기 때문입니다. 차라
리 축복을 받지 않았더라면 그 인생이 그렇게 심하게 타락하지는 않았을 텐

데 축복 때문에 타락하는 인생이 얼마나 많이 있는지 모릅니다. 이스라엘의 첫 왕이었던 사울이 그랬고, 솔로몬 왕이 그랬습니다. 처음에는 분명 축복이었습니다. 그런데 그 축복을 자기 혼자 독점하려 하다 보니 사울은 다윗을 시기하게 되었고, 솔로몬은 교만하게 되어 하나님의 품을 떠나고 말았습니다. 처음 축복이 인생을 망치는 원인이 되었습니다.

이 세상에 나누지 않는 축복처럼 고약하고 위험한 것이 있을까요? 아마 없을 것입니다. 축복을 나누지 않을 때 그 축복은 쉬 썩습니다. 이스라엘 백성들이 출애굽 이후 광야에 머물 때입니다. 먹을 것이 없는 광야에서 하나님이 매일 아침마다 만나를 내려주셨습니다. 그런데 사람들 중에는 욕심이 있어서 다음날 아침까지 쌓아 놓는 사람이 있었습니다. 어디든지 그런 사람은 꼭 끼어 있습니다. 꼭 망할 짓만 골라 하는 사람들이 있어요. 열심히 만나를 거두어서 다음 날까지 쌓아 놓는 사람들이 있습니다.

그런데 여러분, 그게 남아 있었습니까? 아닙니다. 다음날 아침에 보니 다 썩어 있었습니다. 하나님은 광야에서의 이 사건을 통해서 이야기하십니다. 하나님이 주시는 축복을 나누지 않고 쌓아 놓으면 이처럼 썩는다고. 그렇습니다. 축복은 나누어야 합니다.

하나님은 참 이상한 분입니다. 생각할수록 이상한 분이십니다. 누구는 넘치게 하시고 누구는 부족하게 하시거든요. 우리 하나님은 공평하신 분이신데 모든 사람에게 균등하게 주시지는 않는단 말입니다. 왜일까요? 왜 공평하신 하나님이 누구는 넘치게 하시고 누구는 부족하게 하시는 걸까요? 거기엔 하나님의 오묘한 뜻이 숨어 있다고 믿습니다. 넘치게 받은 자가 부족하게 받은 자와 나누라고, 나눔을 통해서 진정한 축복의 세계를 열게 하시려고 누구는 넘치게 하시고 누구는 부족하게 하시는 것이라고 믿습니다.

하나님은 참 이상한 분이십니다. 불공평하게 주어서 서로 가진 것을 나누게 하시는 참 이상한 분이십니다. 각각 다른 것을 주어서 서로를 돕게 하고, 서로를 필요로 하게 하고, 서로 의존하게 하고, 그래서 더불어 함께 살게 하시는 하나님, 참 오묘한 하나님이십니다. 하나님은 결코 한 개인에게 모든 것을 다 주시지 않습니다. 홀로 축복을 누리게 하시지도 않습니다. 더불어 함께하는 공동체를 통해서가 아니고는 축복의 세계가 열리지 못하도록 만드셨습니다. 이것이 하나님의 오묘한 섭리입니다.

그러기 때문에 개인주의적 세계관으로는 진정한 축복의 세계를 열 수 없습니다. 그러니 어찌해야 하겠습니까. 우리가 하나님을 믿는다면 하나님의 방법을 선택하는 수밖에요. 만일 내 방법으로 축복을 누리겠다고 고집한다면 그것은 하나님을 믿는 것이 아닙니다. 하나님은 오직 나눔을 통해서만 축복의 세계가 열리도록 만드셨기 때문에, 나눔을 통해서만 진정한 축복의 세계가 열린다는 것을 믿고 욥처럼 나눌 때 진정으로 하나님을 믿는다고 할 수 있습니다.

우리는 지금까지 욥이 걸어온 지난 시절의 생활을 통해서 세 가지를 살펴보았습니다. 첫째는 청지기로서 성실했던 삶, 둘째는 율법과 동행하는 지극히 정상적인 삶, 셋째는 나눔으로 열어가는 축복의 삶입니다.

나는 욥이 고백하는 지나온 날의 발자취를 묵상하면서 이런 결론을 얻을 수 있었습니다. '욥은 진실로 신앙인의 길을 걸어왔구나!' '욥은 진실로 하나님의 인정을 받을 만한 인간이로구나!' 그러면서 욥의 삶이 부러웠습니다. 허나, 부러워하면서도 정작 그 길을 정직하게 가지 못하는 나의 못남과 어리석음이 못내 부끄러웠습니다. 하나님께서 오늘 신앙인들에게 기대하시는 것도 바로 이런 삶일 텐데 말입니다.

슈퍼맨과 같은 영웅적인 삶이 아니라 지극히 정상적인 삶, 인간다운 삶, 호흡하듯 물 흐르듯 그렇게 자연스럽게 하나님과 동행하는 삶, 더불어 함께 나누는 축복의 삶. 바로 이런 삶이 하나님께서 우리에게 기대하시는 삶일 테지요.

여러분! 구원이란 무엇입니까? 구원이란 다른 게 아닙니다. '정상적인 삶'이 곧 구원입니다. 그런데 하나님이 높임을 받지 못하고 하나님이 잊혀진 세계에서는 정상적인 삶이 불가능합니다. 하나님이 잊혀진 곳에는 생활의 껍데기만 있을 뿐 삶의 알갱이는 없습니다. 오직 하나님이 주인 되시는 곳에서만 정상적인 삶이 피어날 수 있습니다. 그러니 어찌해야 하겠습니까? 여호와를 경외하는 길밖에 없습니다. 마음을 다하고 뜻을 다하고 목숨을 다하여 여호와를 경외하는 것만이 정상적인 삶을 살 수 있는 유일한 길입니다. 하여, 결코 쉽지 않지만, 갈 길이 멀지만, 주님과 함께 한 걸음 한 걸음 이 길을 가야 합니다.

7장

우리는 흔히 하나님을 잘 믿으면

인생의 길을 가지 않아도 된다고 생각합니다.

믿음으로 살면 인생의 험한 길을 면제받을 수 있다고 생각합니다.

남들이 겪는 고난과 시련을 나만은 겪지 않을 거라고 믿습니다.

그러나 믿음으로 산다고 해서 인생의 길을 통과하지 않아도 되는 것은 아닙니다.

믿음의 길은 인생의 길을 건너뛰는 게 아닙니다.

"그래서 나는 늘 나는 죽을 때까지 이렇게 건장하게 살 것이다. 소털처럼 많은 나날 불사조처럼 오래 살 것이다. 나는 뿌리가 물가로 뻗은 나무와 같고, 이슬을 머금은 나무와 같다. 사람마다 늘 나를 칭찬하고 내 정력은 쇠하지 않을 것이다 하고 생각하였건만. 사람들은 기대를 가지고 내 말을 듣고, 내 의견을 들으려고 잠잠히 기다렸다. 내가 말을 마치면 다시 뒷말이 없고 내 말은 그들 위에 이슬처럼 젖어 들었다. 사람들이 내 말을 기다리기를 단비를 기다리듯 하고 농부가 봄비를 기뻐하듯이 내 말을 받아들였다. 내가 미소를 지으면 그들은 새로운 확신을 얻고 내가 웃는 얼굴을 하면 그들은 새로운 용기를 얻었다. 나는 마치 군대를 거느린 왕처럼 슬퍼하는 사람을 위로해 주는 사람처럼 사람들을 돌보고 그들이 갈 길을 정해 주곤 하였건만. 그런데 이제는 나보다 어린 것들까지 나를 조롱하는구나. 내 양떼를 지키는 개들 축에도 끼지 못하는 쓸모가 없는 자들의 자식들까지 나를 조롱한다. 젊어서 손에 힘이 있을 듯하지만 기력이 쇠하여서 쓸모가 없는 자들이다. 그들은 가난과 굶주림에 허덕여서 몰골이 흉하며 메마른 땅과 황무지에서 풀뿌리나 씹으며, 덤불 속에서 자란 쓴 나물을 캐어 먹으며, 대싸리 뿌리로 끼니를 삼는 자들이다. 그들은 사람 축에 끼지 못하여 동네에서 쫓겨나고 사람들에게 마치 도둑을 쫓듯이 그들에게 도둑이야 하고 소리를 질러 쫓아버리곤 하였다. 그들은 급류에 패여 벼랑진 골짜기에서 지내고, 땅굴이나 동굴에서 살고 짐승처럼 덤불 속에서 움츠리고 있거나 가시나무 밑에 몰려서 웅크리고 있으니, 그들은 어리석은 자의 자식들로서 회초리를 맞고 제 고장에서 쫓겨난 자들이다. 그런데 그런 자들이 이제는 돌아와서 나를 비웃는다. 내가 그들의 말거리가 되어 버렸다. 그들은 나를 꺼려 멀리하며 마주치기라도 하면 서슴지 않고 침을 뱉는다. 하나님이 내 활시위를 풀어 버리시고 나를 이렇게 무기력하게 하시니 그들이 고삐 풀린 말처럼 내 앞에서 날뛴다. 이 천한 무리들이 내 오른쪽에서 나와 겨루려고 들고 일어나며 나를 잡으려고 내가 걷는 길에 덫을 놓고, 나를 파멸시키려고 포위망을 좁히고 있다. 그들은 내가 도망가는 길마저 막아 버렸다. 그들이 나를 파멸시키려고 하는 데도 그들을 막을 사람이 아무도 없다. 그들이 성벽을 뚫고 그 뚫린 틈으로 물밀듯 들어와서 성난 파도처럼 내게 달려드니 나는 두려워서 벌벌 떨고, 내 위엄은 간곳없이 사라지고 구원의 희망은 뜬구름이 사라지듯 없어졌다"(욥기 29:18-30:15).

7장 욥이 걸어온 인생의 길

우리는 욥의 행복했던 옛 시절을 통해서 신앙인의 길이 어떠해야 하는지를 살펴보았습니다. 신앙인의 길이란 여호와를 경외함으로 정상적인 삶을 사는 것이라는 사실을 확인할 수 있었습니다. 그렇습니다. 우리가 하나님께 집중하면 집중할수록 삶은 회복되고, 하나님으로부터 멀어지면 멀어질수록 삶은 무질서해지고 왜곡됩니다. 우리네 삶은 하나님과의 거리에 따라 달라집니다. 특히 삶의 질과 깊이는 하나님과의 거리에 따라 절대적인 영향을 받습니다. 물론 여호와를 경외한다고 해서 인생이 하루 아침에 완전해지는 것은 아닙니다. 하지만 여호와를 경외하면 점점 악에서 떠나게 되고 율법을 성취하는 삶으로 나아가는 것은 확실합니다.

욥이 걸어 온 또 하나의 길

그러나 욥이 걸어 온 길을 살펴보면 또 하나의 길이 있다는 사실을 발견할 수 있습니다. 그 길은 인생의 길입니다. 욥은 순전하고 정직하여 여호와를 경외하고 악에서 떠난 자였습니다. 가난한 자들이 도와달라고 하면 거절한 일이 없었습니다. 고아와 과부들의 형편을 보면 못 본 채 외면하지 않았습니다. 힘없는 자라고 해서 멸시하지 않았습니다. 덮고 잘 것이 없는 사람에게는 양털을 깎아서 옷을 만들어 줄 정도로 마음이 따뜻한 사람이었습니다. 그래서인지 욥은 가진 재물이 많았음에도 불구하고 사람들에게 존경과 신뢰를 잃지 않았습니다. 어느 누구도 욥에게 적대적인 사람이 없었습니다.

욥이 미소를 지으면 사람들은 새로운 확신을 얻었고, 욥이 웃는 얼굴을 하면 사람들은 새로운 용기를 얻었습니다. 욥의 재산을 시기하거나 부정한 재물이라고 욕하는 사람이 없었습니다. 샐러리맨이 월급 날을 기다리듯이, 농부가 봄비를 기뻐하듯이 다들 욥을 기뻐했습니다. 다들 욥의 장래를 축복했습니다.

이쯤 되니까 욥은 마음 속으로 이런 생각을 했습니다. "나는 죽을 때까지 이렇게 건장하게 살 것이다. 소털처럼 많은 나날 불사조처럼 오래 살 것이다. 나는 뿌리가 물가로 뻗은 나무와 같고, 이슬을 머금은 나무와 같다. 사람마다 늘 나를 칭찬하고 내 정력은 쇠하지 않을 것이다"(29:18-20). 하나님 앞에서 깨끗하게 살았으니 자기의 미래는 형통하고 든든할 것이라고 확신했습니다. 전혀 막힘이 없을 것이라고 믿었습니다.

어디 욥뿐이겠습니까? 사람은 누구나 희망이 있어야 살 수 있습니다. 욥처럼 살지 않은 사람이라도 미래는 지금보다 더 나을 거라는 희망을 먹고 삽니다. 오늘보다는 내일이 더 좋을 거라는 희망이 있기에 힘들어도 참고 괴로워도 추스르며 사는 것이지, 오늘보다 내일이 더 나빠질 거라는 생각을 한다면 어떻게 살겠습니까?

희망이 없으면 하루도 살아갈 용기와 힘이 나오지 않습니다. 절망은 진실로 죽음에 이르는 병입니다. 그러기 때문에 나에게 더 이상의 희망이 안 보이면 자식에게라도 희망을 걸고 삽니다. 자식을 통해서라도 이루지 못한 꿈과 희망을 이루어 보려고 자식에게 모든 것을 쏟고 희생합니다. 이렇게 자식에게라도 희망을 걸어야 살 수 있는 존재가 바로 사람입니다.

더구나 욥은 지금껏 하나님의 사랑과 축복을 풍족하게 받으며 살았습니다. 부족한 것이 없을 만큼 넘치는 복을 받으며 살았습니다. 그러기 때문에 앞으로도 변함없는 사랑과 축복을 받으며 살게 될 거라는 기대를 갖는 건 전혀 이상할 것이 없었습니다. 욥은 정말 죽는 날까지 이 복된 삶이 흔들리지 않을 거라고 굳게 믿었습니다.

그런데 어떻게 되었습니까? 전혀 기대하지 않았던 현실이 눈앞에 닥쳤습니다. 모든 축복을 일순간에 잃어 버렸습니다. 바닷가의 모래성처럼, 사막의 신기루처럼 그렇게 모든 것이 흔적도 없이 사라지고 말았습니다. 최고로 축복받은 인생이 최고로 저주받은 인생이 되고 말았습니다. 이건 정말 꿈에도 생각지 못한 일이었습니다. 어느 누구도 예상하지 못한 일이었습니다. 혹 태양이 서쪽에서 뜨는 일은 있을지 몰라도 욥이 이처럼 망할 것이라고는 상상조차 할 수 없는 일이었습니다.

여러분! 그렇지 않습니까? 한 번 생각해 보십시오. 천 번이고 만 번이고 생각해 보십시오. 욥과 같이 깨끗하고 자비롭고 정의롭게 산 사람에게 어떻게 그런 엄청난 재앙이 닥칠 수 있습니까? 다른 사람이라면 몰라도 욥에게 만큼은 이런 재앙이 일어나서는 안 되는 것 아닙니까? 만일 욥과 같은 사람에게 이런 일이 닥친다면 우리같이 죄 많은 인생들은 어느 쥐구멍으로 도망쳐야 하겠습니까? 어느 누가 희망을 품고 살 수 있겠습니까? 그런데 꿈에도 생각지 못한 재앙이 욥을 때렸습니다. 적어도 욥에게 만큼은 예외였어야 할 일이 일어났습니다.

인생은 이런 것

여러분! 이것이 인생입니다. 하루 아침에 날벼락을 맞을 수 있는 것이 인생입니다. 욥이 그처럼 견고하리라고 생각했었지만 신문지 구겨지듯이 구겨져 버릴 수 있는 것이 인생입니다. 전혀 생각지 못한 일들이 벌어지지만 그 앞에서 속수무책일 수밖에 없는 것이 인생입니다. 올 여름에도 큰 비로 수많은 사람이 수해를 입었습니다. 계곡에서 잠을 자다가 갑자기 불어난 물에 온 가족이 휩쓸려 죽기도 하고, 집이 떠내려 가기도 하고, 피땀 흘려 지은 농사가 하루 아침에 허사가 되고 만 사람이 한둘이 아닙니다. 정말 하룻밤 사이에 벌어진 일이었습니다.

인생을 길로 비유한다면 이렇게 말할 수 있을 것입니다. 좁고 꼬불꼬불하고 자갈도 많은 험난한 고생길을 정말 노력하고 노력해서 겨우 빠져 나왔습니다. 그렇게 험난한 길을 겨우 빠져 나와 허리를 펴고 앞을 보니 앞에는 탄탄대로가 시원하게 뚫려 있는 것입니다. 그제야 긴 한숨을 내쉬며 '야, 이제야 고생길이 끝나는가 보구나. 이제는 탄탄대로가 열렸으니 한 번 신나게 달려보자' 하고 기분좋게 한참을 달렸습니다. 그런데 어느 순간에 보니 눈앞에 천 길 낭떠러지가 입을 쫙 벌리고 있는 겁니다. 바로 이것이 인생입니다.

그렇다고 인생에 꼭 예상치 못한 일만 벌어지는 건 아닙니다. 콩 심은 데 콩 나게 하시고, 팥 심은 데 팥 나게 하시는 것이 하나님의 일반적인 섭리입니다. 그래서 계획을 잘 세우고 성실하게 노력하면 언젠가 이룰 수 있습니다, 인생에는 충분히 예측 가능한 부분이 있습니다. 일정한 법칙을 따라 움직이는 질서도 있습니다.

우리나라의 눈부신 경제발전을 보세요. 우연히 이루어진 게 아닙니다. 밥을 굶어가며 허리가 휘도록 열심히 일하고 노력한 덕분에 경제가 이만큼 발전한 것입니다.

개인적으로도 그렇습니다. '저 사람 계속 저러다가는 언젠가 망하지!' 그러는데 결국 망하는 경우가 있습니다. '될 성 싶은 나무는 떡잎부터 알아본다' 는 옛말처럼 사람이 하는 걸 보면 어느 정도 그 미래를 예견할 수 있는 것도 사실입니다. 계획을 잘 세우고 준비를 잘 하면 성공할 수 있습니다. 열심히 씨를 뿌리면 많은 결실을 얻습니다. 성실한 사람이 언젠가는 승리합니다. 꿈쟁이는 언젠가 꿈을 성취하기도 합니다.

독보적인 꼴등에서 부동의 일등으로

미국 홉킨스 병원의 유명한 외과 의사 중에 밴 카슨이라는 사람이 있습니다. 이 사람은 초등학교 5학년 때까지 꼴등에 있어서는 경쟁자가 없었습니다. 그런데 그런 그가 6학년 때부터는 부동의 일등을 하는 학생이 되었습니다. 나중에는 의과대학을 나와 훌륭한 소아과 의사가 되었습니다. 세계 최초로 삼쌍둥이를 분리하는 수술에 성공했습니다. 많은 어린 아이들을 죽음에서 구해내며 세계 최고의 외과 전문의로 인정받고 있습니다. 사람들은 그의 손을 가리켜 "기적의 손" 이라고 부릅니다.

그렇다면 독보적인 꼴등이었던 카슨이 어떻게 부동의 일등이 될 수 있었을까요? 어머니의 한 마디 훈계와 깨우침이 결정적인 계기가 되었습니다. 학교만 갔다오면 해 떨어질 때까지 밖에서 놀던 밴 카슨과 형을 보고 가슴이 답답해진 어머니가 하루는 두 아들을 불러 놓고 진지하게 말했습니다. 숙제를 하기 전에는 절대 밖에 나가서 놀지 말 것, 일주일에 책 두 권씩을 꼭 읽고 독후감을 쓸 것, TV 시청 시간을 줄일 것을 약속하게 했습니다.

두 아들은 그때부터 어머니와 약속한 대로 실행을 했습니다. 그러자 6학년 때부터는 성적이 급상승해 일등을 하기 시작했습니다. 생활 태도를 바꾸고 시간을 효과적으로 사용하니 성적이 올라간 겁니다. 시편 기자도 고백했

습니다. "눈물을 흘리며 씨를 뿌리는 자는 기쁨으로 거두리로다. 울며 씨를
뿌리러 나가는 자는 정녕 기쁨으로 그 단을 가지고 돌아오리로다"(시 126:5-
6, 개역). 여러분, 이것이 하나님의 일반적인 섭리입니다.

인생의 대원칙

그러나 언제나 그렇게 되지는 않습니다. 인생의 결정적인 부분에 들어가
면 심은 대로 거두게 하시는 하나님의 일반적인 섭리가 깨어지는 일들이 종
종 벌어집니다. 욥과 같이 악에서 떠났고, 고아들을 거두어 주었고, 사랑의
씨를 뿌렸음에도 불구하고 전에 누리던 축복의 열매를 하루 아침에 거두어
가실 때가 있습니다. 눈물을 흘리며 씨를 뿌렸음에도 불구하고 기쁨으로 그
단을 거두지 못할 때가 있습니다. 정말 최선을 다했는데 뜻하지 않은 사고
로 다 된 밥에 재 뿌리는 일이 일어나기도 합니다.

여러분, 왜 이런 일이 일어나는 것입니까? 심은 대로 거두게 하시는 하나
님의 섭리가 항상 변함없이 작용한다면 좋겠는데, 왜 그 원칙을 무너뜨려 가
면서까지 엉뚱한 일들이 일어나는 것일까요? 하나님은 왜 생각지도 않은 시
련을 당하게 하셔서 희망을 품고 열심히 사는 사람의 용기를 꺾는 것일까
요? 왜 그렇습니까?

그것은 한 가지 진실을 가르치기 위해서라고 믿습니다. 한 가지 진실, 아
주 중요한 진실, 이 진실은 최초의 사람 아담 때로부터 오늘 우리에 이르기
까지 절대로 잊어서는 안 되는 진실입니다. 그 진실이 뭔 줄 아십니까? "인
생이 우리 손 안에 있지 않다"는 진실입니다. "인생이 우리 손 안에 있지 않
다"는 이 진실은 모든 인생이 배워야 하고 잊지 말아야 할 가장 중요한 인생
의 대원칙입니다.

이 인생의 대원칙이 얼마나 중요한지, 하나님은 이 진실 하나를 가르치기 위해서 심은 대로 거두게 하시는 하나님의 일반적인 섭리까지도 포기할 정도입니다. 하나님은 정말 중요한 진실을 가르치기 위해서 덜 중요한 것은 기꺼이 포기하십니다. 이것이 하나님의 탁월한 지혜입니다. 그리고 바로 이와 같은 하나님의 탁월한 지혜 때문에 어리석은 인간들은 하나님을 오해하기도 하고 원망하기도 합니다. 하나님 아버지의 깊은 뜻을 헤아리지 못한 채 방황하기도 합니다.

인생은 언제부터 타락하는가

여러분, 사람이 언제부터 타락하는 줄 아십니까? 인생이 내 손 안에 있다고 착각할 때부터입니다. '내 인생은 나의 것' 이라고 외치기 시작하면 그때부터 욕심이 생기고, 더 많이 소유하려 들고, 교만해집니다. 해맑았던 눈이 흐려져서 삶의 진실을 보지 못하게 됩니다. 아담이 타락한 것도 인생을 내 손 안에 쥐어 보겠다는 야망 때문이었습니다. 하나님 손 안에 있는 인생을 내 손 안에 쥐어 보겠다는 야망 때문에 사단의 유혹에 넘어갔습니다. 교회도 그렇습니다. 교회가 언제부터 타락하느냐 하면 사람이 교회의 주인이 될 때부터 타락합니다.

하나님은 '인생이 내 손 안에 있다' 는 생각이 얼마나 인생을 삐뚤어지게 하고 황폐하게 하는지를 알고 계십니다. 그래서 하나님은 때때로 뜻하지 않은 데서 일이 터지게 하시고 문제가 생기게 하십니다. 믿었던 자녀에게 문제가 생긴다든지, 계획한 대로 일이 풀리지 않는다든지, 열심히 노력했음에도 불구하고 노력한 만큼의 열매를 거두지 못하게 하십니다. 심은 만큼 거둘 것으로 기대했는데 그 기대가 무너지는 때가 있습니다. 많은 열매를 거두기는 했지만 바로 그 순간 예상치 못한 일로 그 모든 것이 물거품이 되는 때도 있습니다. 뜻밖에 질병이 찾아오고, 뜻밖에 실패가 찾아오기도 합니다.

왜일까요? 도대체 왜 이런 일이 일어나야 하는 겁니까? 하나님은 이런 비극적인 일을 통해서라도 인생이 내 손 안에 있지 않다는 진실을 깨우치시려고 그러시는 겁니다. 하나님이 우리에게 들려주실 이야기가 있어서 그러시는 것입니다.

그러므로 살다가 생각지 못한 어려움이 닥치고, 계획한 대로 인생이 굴러가지 않을 때가 있습니까? 그럴 때는 빨리 기억하십시오. 계획한 대로 굴러가지 않는 것이 인생이라는 것을. 인생이란 근본적으로 우리 손 안에 있지 않다는 것을. 그래야 뜻하지 않은 사건을 만나고 시련이 닥칠 때 그 시련 때문에 세상을 덜 원망하게 됩니다. 마음의 상처를 조금이라도 덜 받을 수 있게 됩니다. 인생이 내 손 안에 있지 않다는 사실을 인정하면 인생의 시련을 겸허하게 받아들일 수 있는 능력이 생깁니다. 그렇지 않으면 마음에 화병만 도집니다.

한 번 생각해 보십시오. 지금 욥이 발악한다고 해서 상황이 바뀌겠습니까? 욥이 아무리 머리를 굴리고 상황을 역전시켜 보려 한들 무엇이 달라지겠습니까? 털끝 하나도 달라질 것이 없습니다. 지금 이 일은 하나님의 필요에 의해서 진행되고 있는 일입니다. 이유가 있어서 벌이지는 일입니다. 그러기 때문에 지금 욥이 해야 할 일은 오직 하나입니다. 하나님의 이야기를 듣는 것입니다. 하나님의 이야기를 듣는 것보다 더 중요하고 급한 일이 없습니다. 이것만이 화병에서 해방될 수 있는 최선의 길입니다.

그러므로 우리가 뜻하지 않은 아픔을 당하거나 실패를 당했을 때 무조건 실패에서 벗어나게 해달라고 구할 것이 아닙니다. 무조건 상황을 고쳐달라고 기도할 것이 아닙니다. 먼저 왜 하나님이 이런 아픔을 주셨는지, 그걸 물어야 합니다. 그리고 하나님의 이야기를 듣기 위해서 귀를 기울여야 합니다.

무조건 문제만 해결해 달라고 매달리는 것은 어리석은 것입니다. 구하는 것이 아니라 듣는 것이 우선입니다. 하나님은 말씀하십니다. "사람이 마음으로 자기의 길을 계획할지라도 그 걸음을 인도하시는 자는 여호와시니라"(잠 16:9, 개역). 그렇습니다. 인생은 결코 우리 계획대로 진행되지 않습니다. 인생은 근본적으로 하나님 손 안에 있습니다. 바로 이 말씀이 하나님이 모든 사람에게 들려주고 싶어 하는 말씀입니다.

다 하나님의 손 안에 있어

이 문제와 관련해서 한 가지 더 확인할 내용이 있습니다. 욥과 같이 때로 생각지 못한 시련이나 어려움이 닥쳐올 때 그것이 겉보기에는 재앙 같아 보이고 하나님의 진노 같아 보일지 모르지만 실상은 그렇지 않다는 사실입니다. 하나님이 주시는 시련이나 어려움은 결코 우리 인생을 해치거나 파괴하는 것이 아니라는 사실입니다. 욥을 보십시오.

욥이 말할 수 없는 재앙을 당한 건 사실입니다. 그러나 그 와중에서도 하나님은 여전히 욥을 지키고 계셨습니다. 하나님이 허락하신 것 이상의 재앙이 닥치지는 않았습니다. 욥이 볼 때는 최고의 재앙이었지만 하나님은 다 지켜보고 계셨습니다. 욥의 생명은 건들지 못하도록 붙들고 계셨습니다. 그리고 욥에게 더 놀라운 미래를 설계하고 계셨습니다.

지금 당장은 욥이 망한 것 같지마는 눈에 보이지 않는 미래는 더 놀라운 것이 예비되어 있었습니다. 욥이 볼 때는 생각지 못한 아픔이요 고난이었지만, 하나님이 볼 때는 다 사연이 있고 뜻이 있었습니다. 그러기 때문에 하나님의 사랑을 받는 자는 어떠한 고난과 시련의 때라도 희망을 가질 수 있습니다.

하나님의 사람에게 절대 절망이란 없습니다. 하나님이 살아계시는 한 우리에게는 영원히 꺼지지 않는 희망의 불이 있습니다. 바울이 로마서에서 "우리가 알거니와 하나님을 사랑하는 자 곧 그 뜻대로 부르심을 입은 자들에게는 모든 것이 합력하여 선을 이루느니라"(롬 8:28, 개역)고 말한 것은 결코 가벼운 위로의 말이 아닙니다. 절대 진실입니다.

모든 인생이 그렇습니다. 살다 보면 생각지 못한 어려움이 앞을 가로막을 때가 있습니다. 그러나 여기에는 분명 내가 알지 못하는 하나님의 선하신 뜻이 숨어 있습니다. 뜻 없이 임하는 고난은 없습니다. 다 뜻이 있습니다. 그러므로 하나님의 사람은 무슨 일을 만나든지 밝은 내일을 희망해도 좋습니다. 아니, 밝은 내일을 희망하는 것이 믿음입니다.

오늘이 어떠하든지 내일에 대한 하나님의 희망과 사랑을 붙드는 것이 믿음입니다. 그래서 믿음의 사람은 오늘이 아무리 어두울지라도 내일에 대하여 품고 계신 하나님의 희망찬 계획을 바라보며 절망하지 않습니다. 천지가 변할지라도 변치 않는 하나님의 사랑 하나 붙들고 흔들리는 세상에서도 흔들리지 않습니다. 그러면서도 동시에 잊지 않습니다. 믿음의 사람은 잊지 않습니다. "인생이 내 손 안에 있지 않고 하나님 손 안에 있다"는 신실을.

일순간에 돌변하는 인생

우리가 욥의 삶에서 발견할 수 있는 또 하나의 인생길이 있습니다. 욥이 잘 나갈 때 사람들에게 베풀고, 부족한 것이 없을 때 사람들은 다들 욥 앞에서 스스로 겸손하였고 욥의 지도를 즐겨 받았습니다. 욥이 한 마디 하면 그 앞에서 딴소리를 하지 못했습니다. 농부가 비를 기뻐하듯이 다들 욥을 기뻐했습니다. 그런데 욥이 모든 것을 잃고 나자 어떻게 된 줄 아십니까? 피 끓는 욥의 절규를 들어봅시다.

"그런데 이제는 나보다 어린 것들까지 나를 조롱하는구나. 내 양떼를 지키는 개들 축에도 끼지 못하는 쓸모가 없는 자들의 자식들까지 나를 조롱한다.… 그런데 그런 자들이 이제는 돌아와서 나를 비웃는다. 내가 그들의 말거리가 되어 버렸다. 그들은 나를 꺼려 멀리하며 마주치기라도 하면 서슴지 않고 침을 뱉는다. 이 천한 무리들이 내 오른쪽에서 나와 겨루려고 들고 일어나며, 나를 잡으려고 내가 걷는 길에 덫을 놓고, 나를 파멸시키려고 포위망을 좁히고 있다"(30:1, 9-12).

참으로 기가 막힌 일이 벌어졌습니다. 모든 것이 일순간에 변했습니다. 모든 사람들이 욥의 곁을 떠났습니다. 가까운 친구들, 사랑하는 사람들, 형제들, 친척들, 심지어는 아내까지도 욥의 곁을 떠났습니다. 욥은 그야말로 그물에 걸린 동물같이, 법정에 선 범죄자와 같이, 담장에 갇힌 나그네같이, 폐위된 왕같이, 무너진 건물같이, 뿌리 뽑힌 나무같이, 포위된 성같이 버려진 신세가 되었습니다. 세상에서 가장 비천한 자들까지도 욥을 경멸하고 조롱하며 얼굴에 침을 뱉었습니다.

욥이 동방에서 최고의 실력자였을 때도 그랬습니까? 어림도 없는 일입니다. 다들 욥에게 와서 머리 숙이며 아부하고, 그의 의로움과 경건을 칭송했습니다. 욥의 순전함과 정직함을 인정하며 욥의 곁에 머물렀습니다. 조금이라도 욥 곁에 가까이 가려고 야단들이었습니다. 그러나 욥이 모든 것을 잃어 버리자 하루 아침에 세상 인심이 변했습니다. 친구들은 와서 큰 소리 칩니다. 자기들이 욥보다 더 낫다고 머리를 쳐듭니다. 온갖 버러지 같은 것들까지도 욥에게 한 마디씩 내뱉습니다.

사람이 실패하면 실패한 것 때문에도 힘들고 어렵지만, 그보다 더 고통스럽고 견디기 힘든 것은 사람들이 등을 돌리고, 함부로 이야기하기 때문입니다. 사람이 잘 나가면 여기서도 칭찬, 저기서도 칭찬입니다. 그런데 잘못되면 여기서도 힐난, 저기서도 힐난입니다. 저 자식은 나쁜 놈이라고, 못난이라고, 상대할 놈이 못된다고 수군거립니다. 길거리에 굴러다니는 돌멩이처럼 천덕꾸러기 중에 천덕꾸러기 취급을 받습니다. 과거의 존귀와 영화는 흔적도 없이 사라집니다.

사실 욥은 하나도 변한 것이 없습니다. 잘 나가던 때나 폭삭 망했을 때나 욥은 여전한 욥입니다. 순전하고 정직하여 여호와를 경외하고 악에서 떠났던 그 사람 그대로입니다. 정말이지 달라진 것이라고는 하나도 없습니다. 달라진 것이 있다면 욥이 아니라 욥의 상황일 뿐입니다.

그런데 상황이 변하니까 욥에 대한 평가가 하나같이 달라졌습니다. 의인 중에 의인이었던 욥이 일순간에 죄인 중에 괴수로 변했습니다. 존경의 대상이었던 욥이 멸시의 대상으로 전락했습니다. 그뿐 아닙니다. 가까이 있던 사람들이 모두 욥을 떠났습니다. 그의 고백을 직접 들어봅시다.

"나의 형제들로 나를 멀리 떠나게 하시니 나를 아는 모든 사람이 내게 외인이 되었구나. 내 친척은 나를 버리며 가까운 친구는 나를 잊었구나. 내 집에 우거한 자와 내 계집종들이 나를 외인으로 여기니 내가 그들 앞에서 타국 사람이 되었구나. 내가 내 종을 불러도 대답지 아니하니 내 입으로 그에게 청하여야 하겠구나. 내 숨을 내 아내가 싫어하며 내 동포들도 혐의하는구나. 어린 아이들이라도 나를 업신여기고 내가 일어나면 나를 조롱하는구나. 나의 가까운 친구들이 나를 미워하며 나의 사랑하는 사람들이 돌이켜 나의 대적이 되었구나"(19:13-19, 개역).

친구도 떠나고, 친척도 떠나고, 사랑하는 사람까지도 다 등을 돌렸습니다. 여러분, 얼마나 기가 막힙니까? 더 이상 줄 것도 없고, 베풀 것도 없는 빈털터리가 되고 나니 그 동안 욥에게 신세졌던 사람들까지도 이빨 쑤시면서 떠나갔습니다. 우리 옛말에도 세상 인심의 헛됨을 말해 주는 이야기가 있습니다. 정승 집 개가 죽으면 사람들이 앞 다퉈 달려가지만, 정작 정승이 죽으면 어느 누구도 와 보지 않는다는 것입니다. 그렇습니다. 이것이 인생이요, 이것이 세상입니다.

모든 사람들이 욥을 떠나가자 얼음장처럼 차가운 세상 앞에서 욥이 고백합니다. "나의 영광은 바람에 불려가듯이 사라지고 나의 행복은 구름같이 날려갔다"(30:15, 현대인의성경). 아, 참을 수 없는 인생의 가벼움이여, 뜬구름 같은 세상 인심이여, 거부할 수 없는 삶의 상처여, 피할 수 없는 우연의 수렁이여, 이것이 삶이란 말인가? 욥의 탄식을 듣자 하니 내 가슴도 미어집니다.

세월이 가도 산천초목은 변함이 없습니다. 나무는 변함없이 그 자리를 지키고 있고, 바위도 그 자리를 묵묵히 지키고 있습니다. 높은 봉우리와 골짜기도 그 모습 그대로입니다. 그러나 사람들의 박수갈채, 사람들의 평가는 언제 어떻게 변할지 모릅니다. 세월 따라 세상 인심은 변합니다. 가수의 인기도 변하고, 패션도 변하고, 사람들의 기호도 변하고, 입맛도 변합니다. 미인의 기준도 변하고, 생활습관도 변하고, 심지어는 학문과 도덕까지도 변합니다.

천륜이라는 부모 자식 간에도 그렇습니다. 부모님이 돈도 있고 힘이 있을 때는 자식들이 부모님 그늘을 찾습니다. 문턱이 닳습니다. 그러나 호주머니가 텅 비고, 늙은 몸뚱이만 처연하게 남게 되면 자식들도 부모님을 부담스럽게 생각하고 피하려 듭니다. 보는 눈빛이 곱지 않습니다. 말 한 마디조차도 험악해집니다.

여러분! 이게 세상이고, 이게 인생입니다. 너무 슬프고 비참해서 부정하고 싶겠지만 이것이 엄연한 인생의 현실입니다. 욥도 피해가지 못한 인간의 실존입니다. 그러니 어찌하겠습니까? 애달프고 서럽지만 이런 인생의 현실을 인정해야 인생의 상처를 덜 받을 수 있지 않겠습니까. 이걸 모르고, 이걸 부정하면 인생이 주는 상처 때문에 살아갈 수가 없습니다.

'내가 너한테 어떻게 했는데, 네가 감히 나한테 그럴 수가 있어?' 하면서 배신감과 분노에 치를 떨게 되지 않겠습니까. 심하면 '내 눈에 흙이 들어가는 날까지 절대 용서할 수 없다' 고 가슴을 치다가 스스로 화를 이기지 못해 자멸하는 일까지도 벌어지겠지요. 그러나 인생이란 것이 본래 그런 거라는 사실을 인정하게 되면 어제까지 알랑거리던 친구가 오늘 등을 돌린다 해도 '인생이란 본래 그런 거려니' 하고 잠간 아파하다가 넘어갈 수 있는 여력이 생길 것입니다.

러시아의 시인 푸쉬낀은 이렇게 읊었습니다.

삶이 그대를 속일지라도
노하거나 서러워하지 마라!
절망의 나날 참고 견디면
기쁨의 날 반드시 찾아오리라

가슴은 미래에 살고
현재는 언제나 슬픈 법
모든 것은 한 순간 사라지지만
가버린 것은 마음에 소중하리라.

신앙과 인생의 길

우리는 흔히 하나님을 잘 믿으면 인생의 길을 가지 않아도 된다고 생각합니다. 믿음으로 살면 인생의 험한 길을 면제받을 수 있다고 생각합니다. 남들이 겪는 고난과 시련을 나만은 겪지 않을 거라고 믿습니다. 그러나 믿음으로 산다고 해서 인생의 길을 통과하지 않아도 되는 것은 아닙니다. 믿음의 길은 인생의 길을 건너뛰는 게 아닙니다. 우리가 믿음으로 살지라도 통과해야 될 인생의 길이 있습니다. 욥도 비록 하나님 앞에서 깨끗하게 믿음으로 살았지만 그럼에도 불구하고 인생의 길을 통과하지 않을 수 없었습니다.

그렇습니다. 신앙의 길은 결코 인생의 길을 피해 가는 길이 아닙니다. 인생의 길을 진하게 체험하고 인생의 한복판을 걸어가는 것이 신앙이지 그걸 피하고 면제받는 것이 신앙은 아닙니다.

하나님이 우리에게 신앙을 주신 것도 우리 인생을 비닐하우스로 덮어주기 위해서라기보다는 오히려 인생의 광야 한복판으로 우리를 이끌어 가기 위해서 부르신 것이라고 믿습니다. 고난이야말로 인생 최고의 대학이기 때문에, 고난당한 것이 우리에게 유익이기 때문에, 눈물 젖은 빵을 먹어봐야 사람이 깊어지고 삶이 깊어지기 때문에, 온실보다는 고난의 광야가 우리에게 더 큰 축복이 될 것이기 때문에, 하나님은 우리가 신앙으로 산다고 해서 인생이 가는 길을 결코 면제해 주지 않으십니다.

그러니 하나님을 잘 믿으면 만사가 형통하고 어려운 일을 만나지 않는다는 착각일랑 하지 마시기 바랍니다. 스스로 근거없는 확신에 빠지지 마시기 바랍니다. 아직도 많은 그리스도인들이 근거없는 확신을 믿음으로 중무장한 채 자기 확신의 우물에 빠져 있는 게 사실이고, 근거없는 확신이 강단에서 선포되어질 때마다 아멘으로 화답하고 있는 것이 사실이지만 어서 빨리 빠져 나오시기를 바랍니다. 이런 것은 순전한 것이 아니라 어리석은 것입니다. 믿음이 좋은 것이 아니라 우매하여 속고 있는 것입니다.

여러분, 하나님은 결코 우리를 업어 키우지 않으십니다. 세상도 모르고 사람도 모르는 얼치기로 키우지 않으십니다. 사람을 알고 세상을 알아야 사람에게 매이지 않으면서 사람을 섬길 수 있고, 세상에게 속지 않으면서 당당하게 세상 한복판을 걸어갈 수 있겠기에 하나님께서는 우리들을 온실 속에 보호하기보다는 잡초처럼 자라게 하시기를 원하신다고 믿습니다.

그러므로 신앙으로 살기를 원하는 자는 인생이 가는 길을 걸어갈 각오를 해야만 합니다. 신앙으로 인생의 현실을 직시하고 하나님과 함께 그 길을 당당하게 걸어 갈 채비를 해야 합니다. 인생의 길을 모르면 신앙의 길도 걸어갈 수 없습니다. 인생의 길을 모르면 신앙을 지키기도 어렵습니다. 인생의 길을 알아야 신앙으로 인생길을 갈 수 있습니다. 신앙은 하늘만 바라보고 사는 것이 아닙니다. 하늘을 통해서 땅을 바라보고 사는 것이 신앙으로 사는 것입니다.

인생을 알았거든

마지막으로 또 하나, 우리가 들어야 할 하나님의 이야기가 있습니다. 세상이 나를 어떻게 평가하든지, 그것이 긍정적인 평가이든 부정적적인 평가이든 그것에 집착할 것도 없고 전전긍긍할 것도 없다는 것입니다. 구름같이 떠도는 것이 세상 인심이거늘 그걸 붙잡은들 무슨 의미가 있겠습니까?

정말 중요한 것은 하나님의 평가입니다. 하나님의 평가야말로 우리를 죽이기도 하고 살리기도 하는 절대(絶對)입니다. 그러므로 우리의 소중한 인생을 세상 앞에서 살지 말고 하나님 앞에서 살아야 하겠습니다. 세상이 손짓하는 대로 춤추고, 세상이 말하는 대로 울고 웃는 그런 인생을 살아서는 안 되겠습니다.

하나님의 손짓을 따라 춤추고, 하나님의 말씀을 따라 울고 웃는 하나님의 광대가 되어야 하겠습니다. 진실로 인생의 가벼움을 알았다면 인생 앞에서 살아서는 안 됩니다. 인생을 알면서도 인생 앞에서 사는 것은 매우 어리석은 일입니다. 삶을 죽이고 자기를 죽이는 일입니다. 인생의 진실이 어떠함을 알았다면 마땅히 하나님 앞에서 살아야지요. 하나님 앞에서 인생을 정직하게 대면하며 살아야지요. 그것이 신앙의 길 아니겠습니까.

지금까지 욥의 삶을 통해서 인생길의 두 가지 면을 생각해 보았습니다. 인생은 내 손 안에 있지 않다는 것, 인생은 너무 가볍다는 것을 살펴보았습니다. 인생을 내 손 안에 집어넣고 내 맘대로 좌지우지하려는 것은 헛수고일 뿐입니다. 한없이 가벼운 인생 앞에서 춤추는 것도 허망한 짓입니다. 오직 인생의 참 주인이시고 우주의 주인이신 하나님 앞에서 가볍게 날개 짓하며 춤추는 인생, 하나님의 리듬에 맞춰 노래하는 인생을 사는 것이 인생을 알고 하나님을 아는 자의 삶이라고 믿습니다. 부하든 가난하든, 순풍이든 역풍이든, 운명으로 알고 체념하는 것이 아니라 하나님의 사랑이 담긴 줄 알고 정지하게 대면하는 것, 단순한 순응을 넘어서서 현실을 딛고 서는 것이야말로 진정한 신앙인의 삶의 태도라고 믿습니다.

하나님은 우리에게 성공뿐 아니라 실패도,

축복뿐 아니라 시련도, 기쁨뿐 아니라 아픔도 주시는 분이십니다.

축복과 기쁨이 우리를 위한 하나님의 선물이듯,

실패나 시련도 우리를 위한 하나님의 선물입니다.

그러므로 성공과 실패로 인생을 평가할 수는 없습니다.

“나는 이제 기력이 쇠하여서 죽을 지경에 이르렀다. 지금까지 나는 괴로운 나날들에 사로잡혀서 편하게 쉬지 못하였다. 밤에는 뼈가 쑤시고, 뼈를 깎는 아픔이 그치지 않는다. 하나님이 그 거센 힘으로 내 옷을 거세게 잡아당기셔서 나를 옷깃처럼 휘어 감으신다. 하나님이 나를 진흙 속에 던지시니 내가 진흙이나 쓰레기보다 나을 것이 없다. 주님, 내가 주님께 부르짖어도 주님께서는 응답하지 않으십니다. 내가 주님께 기도해도 주님께서는 들은 체도 안 하십니다. 주님께서는 내게 너무 잔인하십니다. 힘이 세신 주님께서 힘이 없는 나를 핍박하십니다. 나를 들어 올려서 바람에 날리게 하시며, 태풍에 휩쓸려서 흔적도 없이 사라지게 하십니다. 나는 잘 알고 있습니다. 주님께서는 나를 죽음으로 몰아넣고 계십니다. 끝내 나를 살아있는 모든 사람들이 다 함께 만나는 그 죽음의 집으로 돌아가게 하십니다. 주님께서는 어찌하여 망할 수밖에 없는 연약한 이 몸을 치십니까? 기껏 하나님의 자비나 빌어야 하는 것밖에는 아무것도 할 수 없는 보잘것없는 이 몸을 어찌하여 그렇게 세게 치십니까? 고난받는 사람을 보면 함께 울었다. 궁핍한 사람을 보면 나도 함께 마음 아파하였다. 내가 바라던 행복은 오지 않고 화가 들이닥쳤구나. 빛을 바랐더니 어둠이 밀어닥쳤다. 근심과 고통으로 마음이 갈기갈기 찢어지고 하루도 고통스럽지 않은 날이 없이 지금까지 살아왔다. 햇빛도 비치지 않는 그늘진 곳으로만 침울하게 돌아다니다가 사람들이 모여 있는 곳에 이르면 도와 달라고 애걸이나 하는 신세가 되고 말았다. 나는 이제 이리의 형제가 되고, 타조의 친구가 되어 버렸는가? 내가 내 목소리를 들어보아도 내 목소리는 구슬프고 외롭다. 살갗은 검게 타서 벗겨지고 뼈는 열을 받아서 타 버렸다. 수금 소리는 통곡으로 바뀌고 피리 소리는 애곡으로 바뀌었다”(욥기 30:16-31).

8장 고난 가운데서

우리 마음의 병리현상

우리 모두 크고 작은 일상에서 경험한 바가 있어서 알겠습니다마는 내가 가진 떡보다는 남이 가진 떡이 더 커 보이는 것은 사람에게 있는 보편적인 현상입니다. 분명히 똑같은 떡인데 마음의 눈에는 왠지 남의 떡이 더 커 보이는 이상한 병리현상이 나타납니다.

이와 비슷한 병리현상이 또 있습니다. 이 병리현상은 떡에서 나타나는 현상과 본질에 있어서는 똑같은데 나타나는 양태는 정반대입니다. 아픔에 대한 것입니다.

두 사람이 다 사업에 부도가 났습니다. 부도난 액수도 차이가 없어요. 분명히 똑같은 아픔입니다. 그런데 남의 아픔은 작아 보이고 내 아픔은 커 보입니다. 여러분! 그렇지 않습니까? 떡은 남의 떡이 커 보이고, 아픔은 내 아픔이 더 커 보이지요?

사람들이 남의 아픔에 대해서 이러쿵저러쿵 쉽게 말하는 것도 사실은 남의 아픔이 작아 보이기 때문입니다. 예를 들어서 생각해 봅시다. 마음 상하는 일이 있습니다. 참아 보았지만 도저히 참을 수 없어서 화를 냈습니다. 그러면 옆에 있는 사람이 대뜸 한 마디 합니다. "이 사람아, 그까짓 것 가지고 뭘 그렇게 화를 내는가? 좀 참게." 자기는 마치 굉장히 너그러운 사람인 것처럼 말합니다. 그러나 그 일이 자기에게 닥친 일이었다면 어떻게 하겠습니까? 그 사람도 똑같이 화를 냈을 것입니다.

가까이 지내는 친구가 어려움 때문에 어찌할 줄 모르고 갈팡질팡하면 이렇게 말합니다. "이 사람아, 그깟 일 가지고 그렇게까지 마음 쓸 것 없네. 다 훌훌 털어버리고 일어나게나. 인생 살다 보면 이런 일 한두 번쯤은 다 겪는 법 아닌가." 그러나 정작 자기 앞에 똑같은 일이 닥치면 그 사람도 다를 게 없습니다. 사소한 일에도 속이 상하고 뒤틀립니다. 어떻게 해야 할지 몰라 허둥댑니다.

1등 하던 아이가 갑자기 10등으로 떨어졌습니다. 그럴 때 다른 사람은 쉽게 말합니다. "아니 10등이면 잘 하는 건데 뭘 그러나? 내 딸이 10등만 한다면 나는 춤을 추겠네." 그러나 그 부모는 다릅니다. '혹시 이 녀석이 여자 친구가 생긴 건 아닐까? 충격받을 일이라도 있었나? 친구 관계에 어려움이 있나? 집안에 불만이 있나?' 뭐 별별 생각이 다 들고 이만저만 신경 쓰이는 게 아닙니다. 심한 경우에는 자식에게 걸었던 모든 희망이 산산조각 나는 듯한 절망감을 느낄 수도 있습니다. 그러나 다른 사람이 당할 때는 모릅니다. 그게 얼마나 아픈지 모릅니다. 나에게 닥칠 때까지는 아픔의 무게를 모릅니다. 이것이 우리 모두에게 있는 마음의 병리현상입니다.

욥의 경우도 그랬습니다. 욥이 엄청난 재난을 당하자 세 친구가 달려왔습니다. 그러나 그들 중에 어느 누구도 욥이 겪는 고통의 무게가 얼마나 큰지를 공감한 사람은 없었습니다. 욥과 함께 아픔을 나눈 사람이 없습니다.

한다는 것이 고작 이런 거였습니다. '왜 재난이 왔느냐?' 하는 것 가지고 따지고 있었습니다. '죄지은 게 없다면 어찌 이런 일이 있을 수 있느냐? 하나님이 너에게 이런 큰 재난을 주신 걸 보면 죄를 지은 게 틀림없다. 그러니

꽁무니 빼지 말고 이실직고 해라. 그러면 이 재난이 가벼워질 것이다.' 이게 친구들이 하는 이야기의 전부였습니다. 그 사람들이 그래도 지혜가 있다고 자부하는 자들이었는데 욥이 고난 가운데 있을 때 욥과 함께 아픔을 나누는 데는 실패했습니다.

사람이 그런 것 같습니다. 다른 사람의 아픔을 같은 무게로 아파하고 이해 한다는 것이 정말 어렵다는 생각이 듭니다. 특별히 잘난 사람, 능력이 탁월 한 사람, 고생을 모르고 자란 사람일수록 더 그렇다고 생각합니다. 잘나고 능력있는 사람들은 부족한 사람의 아픔을 모릅니다. 실패자의 아픔을 모릅 니다. 겪어보질 않아서 모릅니다. 그래서 그런 사람들 옆에 있으면 찬바람 이 쌩쌩 돕니다.

반면에 좀 부족하다 싶은 사람들은 푸근함이 있습니다. 어렸을 때부터 고 생을 많이 한 사람들은 성공하고 나서도 다른 사람을 동정할 줄 압니다. 실 패해 봤기 때문에, 상처를 받아 봤기 때문에 어려운 사람의 사정을 헤아릴 줄 압니다. 반드시 그런 건 아니지만요.

탁월한 위로자 예수님

예수님은 탁월한 치유자요 훌륭한 위로자이셨습니다. 모든 인간의 죄를 용서하셨습니다. 그런데 예수님이 상처받은 인간을 위로하고, 죄로 물든 인 간을 치유하기 위해서 어떻게 하셨습니까? 신비한 능력과 힘을 사용했습니 까? 칼의 힘으로 사람을 해방시켰습니까? 돌덩이로 빵을 만들었습니까? 아 닙니다. 그분은 지극히 연약한 죄인의 모습으로 이 땅에 오셨습니다. 인간 의 모든 연약함을 친히 몸으로 겪으셨습니다. 아픔과 질고를 짊어지셨습니 다. 죄인의 한 사람으로 십자가에 죽으셨습니다.

이렇게 하심으로써 그분은 우리를 위로하셨고 죄악에서 건져내셨습니다. 만일 예수님께서 인간의 연약함을 체휼하지 않으셨더라면 아마 어떤 사람도 예수님을 통해서 위로받거나 치유받지 못했을 것입니다. 그분이 우리의 아픔을 담당하셨고 우리의 죽음을 당하셨기 때문에 우리가 예수님을 보면 한없이 위로를 받고 힘을 얻는 것입니다.

테레사 수녀는 가난한 자들의 친구로 평생을 살다 갔습니다. 만일 그분이 궁전에서 화려하게 생활했더라면 어떻게 되었을까요? 아무리 별별 노력을 다 했다 해도 가난한 자들의 친구로 그들을 위로하지는 못했을 것입니다. 테레사 수녀가 가난하게 살았기 때문에 가난한 자들을 위로할 수 있었습니다.

삼중고의 장애인이었던 헬렌 켈러도 마찬가지였습니다. 그녀가 장님이요 귀머거리요 벙어리였기 때문에 전 세계 수많은 장애인들에게 꿈과 희망을 줄 수 있었지, 만일 그녀가 장애인이 아니고 억만 장자의 딸로 명문 대학을 나와서 장애인들에게 위로와 격려의 말을 했다면 허튼 소리가 되고 말았을 것입니다.

그런 면에서 본다면 우리가 인생을 살면서 겪는 모든 일들은 다 그리스도 안에서 쓸모가 있고 가치가 있다고 하겠습니다. 우리가 경험하는 모든 일들이 다 의미가 있어요. 실패는 실패대로, 성공은 성공대로, 아픔은 아픔대로, 기쁨은 기쁨대로, 다 쓸모가 있고 의미가 있습니다. 왜냐하면 이 모든 것들이 그리스도 안에 있으면 다른 사람을 섬기는 도구가 될 수 있기 때문입니다.

실패는 쓸데없고 성공만 의미있는 건 아닙니다. 기쁨은 좋은 것이고 아픔은 나쁜 것이 아닙니다. 다 하나님이 필요해서 성공도 주시고 실패도 주시는 것입니다. 아픔도 주시고 기쁨도 주시는 것입니다. 이 세상엔 성공만 필요하지 않습니다. 성공 못지 않게 실패도 필요합니다. 기쁨 못지 않게 슬픔도 필요합니다.

헬렌 켈러를 개인적으로 보면 삼중고의 장애가 가슴 아픈 일임에 틀림없습니다. 그러나 그 고통은 수많은 장애인들의 고통을 위로하고 꿈과 희망을 주는 놀라운 선물이기도 했습니다. 그러기 때문에 지금 우리가 겪고 있는 여러 가지 일들도 하나의 고정된 관점으로만 보아서는 안 됩니다. 새로운 눈, 하나님의 눈으로 볼 수 있어야 합니다.

하나님의 눈으로 삶을 보면 실패는 단지 실패만은 아닙니다. 실패에는 또 다른 얼굴이 있습니다. 성공도 역시 성공의 얼굴만 있는 게 아닙니다. 우리가 깊이 살펴보면 성공 속에는 실패의 얼굴이 숨어 있고, 실패 속에는 성공의 얼굴이 숨어 있습니다. 이것이 인생을 다스리시는 하나님의 지혜입니다. 그러기 때문에 우리가 성공했을 때는 성공 속에 숨어 있는 실패의 얼굴을 보려고 하는 것이 좋습니다. 또 실패했을 때는 실패 속에 숨어 있는 성공의 얼굴을 보려고 하는 것이 지혜로운 일입니다.

기쁨도 마찬가지고 슬픔도 마찬가지입니다. 인생의 모든 것 속에는 두 가지 이상의 얼굴이 숨어 있습니다. 이처럼 하나의 일 속에서 두 가지 이상의 얼굴을 볼 수 있을 때 우리는 성공 앞에서 교만하지 않게 되고, 실패 앞에서 절망하지 않을 수 있습니다.

미국에 메리 팩(Mary Pack)이라는 선생님이 있는데, 그는 칭찬만 받고 자란 아이들은 자긍심에 상처를 입을 경우 난폭해지기 십상이라는 사이언스 기사를 보고 뉴스위크지에 짧은 글을 보냈습니다. 이 양반은 학생을 가르칠 때 성공과 실패를 함께 경험하도록 가르친다고 합니다. 학생들이 실패에 대처할 수 있도록 도와준다고 합니다. 왜냐하면 성공뿐 아니라 실패도 인생의 자산이라고 믿기 때문이라는 것입니다.

그렇습니다. 건강한 인생을 살기 위해서는 성공과 실패, 축복과 시련을 다 경험할 필요가 있습니다. 인생이란 축복만 필요한 것이 아닙니다. 축복 못 지 않게 아픔도 필요합니다. 성공 못지 않게 실패도 필요합니다.

헨리 나웬의 경험에 귀 기울여 볼까요? 헨리 나웬은 나이 들어서 하바드 대학 교수를 포기하고 장애인들과 함께 사는 캐나다의 새벽공동체에서 생활한 사람입니다. 그가 새벽공동체에서 아담이라는 청년을 14개월 동안 돌보았는데, 아담은 말도 할 수 없고, 다른 사람의 도움 없이는 움직일 수도 없는 청년이었습니다. 세상의 눈으로 보면 정말 보잘 것 없는 장애인이었습니다. 그런데 그런 아담을 만나고 나서 헨리 나웬은 말합니다. "아담은 나의 친구요, 스승이요, 인도자였다"고 말이지요. 아담은 어떤 책이나 교수 이상으로 헨리 자신을 예수님의 인격으로 다가가도록 이끌어 주었다는 것입니다.

그렇습니다. 하나님께서는 가장 연약하고 상처받기 쉬운 아담을 통해 헨리에게 이야기하신 것입니다. 헨리가 하바드 대학에서 듣지 못한 하나님의 이야기를 아담을 통해 들은 것입니다. 그리고 헨리는 아담을 통해 들려준 하나님의 이야기를 듣고 영적인 회복과 내적 치유를 경험하게 되었습니다.

나중에 아담이 오래 살지 못하고 죽었을 때 관에 누워 있는 아담의 시신을 보는 순간 헨리는 섬광처럼 깨달았다고 합니다. 아담은 영원 전부터 하나님의 사랑을 받았으며 치유 사역이라는 독특한 사명을 띠고 이 세상으로 보냄 받았다는 것, 그리고 이제 그 사명을 완수했다는 것을. 그렇습니다. 아담은 아담을 통해서가 아니면 들려줄 수 없는 하나님의 이야기를 가진 하나님의 사람이었습니다.

이처럼 하나님은 우리 인생을 진리로 깨우치고 아픔과 상처를 치유하기 위해서 다양한 상황을 연출하시고, 만나게 하시고, 경험하게 하신다고 믿습니다. 심지어는 장애인이 되게 하는 일까지도 서슴지 않는 것이라고, 우리에게 들려주실 하나님의 이야기가 있어서 그 이야기가 하도 많아서 끝없이 다양한 일들을 우리 앞에 펼치시는 것이라고 말입니다.

고통의 무게

욥도 역시 우리에게 들려줄 하나님의 이야기가 있어서 뜻하지 않은 시련과 고난을 당했습니다. 우리는 흔히 욥이 대단한 믿음의 사람이었기 때문에 비참한 현실 앞에서도 잘 견뎌냈을 것이라고 생각하기 쉽습니다. 그 많던 재산이 다 날아가고, 금쪽같은 자녀들이 죽어갔을 때 욥은 "주신 자도 여호와시요 빼앗은 자도 여호와시니 여호와의 이름이 찬송을 받으실지니이다"(1:21, 개역)라고 고백했으니, 그 정도 믿음이라면 정말 끄떡도 하지 않고 이겨냈을 거라고 생각하기 쉽습니다.

그러나 조금만 주의깊게 살펴보면 그렇지 않다는 것을 알 수 있습니다. 욥이 그렇게 멋진 고백을 했음에도 불구하고 곧이어 어떻게 했습니까. 자기가 태어난 생일을 저주했습니다. 어머니 뱃속에서 태어나던 그때 죽었더라면 차라리 좋았을 것을, 왜 죽지 않고 태어나서 이다지도 모진 고통을 당해야 하느냐고 탄식했습니다. "평강도 없고 안온도 없고 안식도 없고 고난만 임하였다"(3:26, 개역)고 땅을 쳤습니다. 그때 욥이 찾은 것은 죽음뿐이었습니다. 땅 속에 감추인 보배를 찾는 것보다 더 간절히 죽음을 찾았습니다.

욥은 자기가 겪고 있는 고통의 무게가 어느 정도인지를 이렇게 고백하고 있습니다. "아, 내가 겪은 고난을 모두 저울에 달아 볼 수 있고, 내가 당하는 고통을 모두 저울에 올릴 수 있다면, 틀림없이 바다의 모래보다 더 무거울 것이니 내 말이 거칠었던 것은 이 때문이다"(6:2-3). 얼마나 고통의 무게가 무거웠는지 바다 모래보다도 더 무겁다고 말하고 있습니다. 이건 말장난이 아닙니다. 과대 포장이 아닙니다. 욥이 온 몸으로 겪은 것입니다.

여러분! 한 번 생각해보십시오. 그 많던 재산 티끌 하나도 남김없이 다 잃었습니다. 자식들은 다 저 세상에 갔습니다. 몸은 상할 대로 상해서 세상에서 가장 비참한 모습을 하고 있습니다. 주변에 있던 모든 사람들은 다 등을 돌렸습니다. 아내까지도 자기 숨소리 듣기를 싫어합니다. 이런 상황 속에서 욥의 심정이 어떠했겠습니까? 이때 느끼는 고통의 무게가 어떠했겠습니까? 바다 모래보다 더 무겁지 않았겠습니까?

어디 욥의 고통뿐이겠습니까. 사람들이 겪는 고통의 무게가 욥에 미치지는 못하겠지만 그래도 다들 개개인이 느끼는 고통의 무게는 똑같을 것입니다. 고통의 무게라고 하는 것은 다른 것 하고 달라서 이건 더 무겁고, 저건 덜 무겁다고 비교할 수가 없습니다.

고통의 모양은 다 다르지만 고통의 무게는 다 똑같습니다. 옆에서 보기에는 가볍게 보일지 몰라도 당사자에게는 힘에 버겁지 않은 고통이 없습니다. 이 세상에서 가장 무거운 것은 바로 고통의 무게입니다. 에베레스트 산이 아무리 크다고 해도, 바다 모래가 아무리 무겁다고 해도, 태평양이 아무리 많은 물을 담고 있다고 해도 고통의 무게보다 더 무겁지는 않을 것입니다.

위대한 믿음의 사람 욥에게도 고통의 무게는 예외가 아니었습니다. 사람이 감당하기에는 너무 거대한 고통의 무게 앞에서 흐느적거리지 않을 수 없었습니다. 감정을 억제하지 못하고 경솔한 말을 내뱉지 않을 수 없었습니다. 나중에는 고통을 호소하는 정도를 넘어서서 죄 없는 자를 왜 이다지도 심하게 때리느냐고 항의하기도 했습니다(13:23-24). 철저하게 절망하기도 했습니다.

"무덤더러 너는 내 아비라, 구더기더러 너는 내 어미 내 자매라 할진대 나의 소망이 어디 있으며 나의 소망을 누가 보겠느냐"(17:14-15, 개역)고 소리 치지 않을 수 없었습니다. 여러분! 이런 말들이 "주신 자도 여호와시요 빼앗 은 자도 여호와시니 여호와의 이름이 찬송을 받으실지니이다"라는 고백을 했던 사람의 입에서 나온 말이라고 상상이 되십니까? 달라도 너무 다르지 않습니까? 그러나 욥은 산산이 부서진 유리조각처럼 깨어진 인생 앞에서 너무도 다른 두 말을 내뱉었습니다.

그러나 또 다른 면도 있습니다. 그렇게 악다구니를 하며 하나님께 항의하고 절망의 소리를 내지르면서도 욥에게서 하나님을 거부하는 몸짓은 하나도 찾아볼 수 없다는 사실입니다. 그는 고통을 호소하면서도 여전히 하나님을 의지합니다. 절대 절망에 흐느적거리면서도 여전히 하나님을 신뢰합니다. 하나님 앞에 흠 없이 서고자 하는 불굴의 의지가 꺾이지 않습니다.

"내게 호흡이 남아 있는 동안은 하나님이 내 코에 불어넣으신 숨결이 내 코에 남아 있는 한 내가 입술로 결코 악한 말을 하지 않으며 내가 혀로 거짓 말을 하지 않겠다"(27:3-4).

또 욥은 후일에 하나님을 얼굴과 얼굴로 마주하여 보게 될 것을 기대하고 있습니다. "그러나 나는 확신한다. 내 구원자가 살아계신다. 나를 돌보시는 그가 땅 위에 우뚝 서실 날이 반드시 오고야 말 것이다. 내 살갗이 다 썩은 다음에라도, 내 육체가 다 썩은 다음에라도 나는 하나님을 뵈올 것이다. 내가 그를 직접 뵙겠다. 이 눈으로 직접 뵐 때에 하나님이 낯설지 않을 것이다"(19:25-27).

인간론이 빠져 버린 신앙의 위험성

자, 보십시오. 욥은 철저하게 절망하면서도 하나님을 붙들었습니다. 고통에 신음하면서도 하나님을 놓지 않았습니다. 반대로 말하면 이렇게 됩니다. 욥은 하나님을 붙들면서도 동시에 절망하는 순간이 있었고, 하나님을 신뢰하면서도 어느 순간엔가 고통에 신음해야 했습니다. 이 모든 일이 여호와로 말미암아 온 것임을 인정하면서도 침묵하지 못하고 소리소리 질러야 했습니다. '하나님! 해도 해도 정말 너무 하십니다.' 이것이 욥의 솔직한 심정이었습니다.

어떻게 보면 앞뒤가 안 맞는 것 같습니다. 그러나 이게 사실입니다. 사람이 정말 고난의 심연에 들어가면 수없는 마음이 들락날락 합니다. 천국과 지옥이 공존하고, 신뢰와 의심이 뒤섞이며, 받아들임과 거부가 왔다갔다합니다. 순간순간 마음이 갈팡질팡합니다. 이게 사람입니다.

욥이 위대한 믿음의 사람이라고 해서 일관되게 흔들림 없이 고난을 통과했을 거라고 상상하는 것은 난센스(Nonsense)입니다. 주신 분도 여호와시고 취하신 분도 여호와시라는 신앙고백이 정말 진실한 것이었고, 모든 것이 여호와로 말미암아 온 것이라는 사실에 대해서도 마음 다해 인정했지만, 그럼에도 불구하고 그 고통을 통과해야 하는 것은 또 다른 문제입니다. 마음으로 인정하고 고백한다고 해서 고통이 적어지는 것도 아니고 없어지는 것도 아니기 때문입니다. 백 번, 천 번 알고 인정해도 여전히 절망이 찾아오고 고통이 가슴을 찢는 걸 어찌할 수 있겠습니까?

그런데 우리는 신앙을 마치 무슨 기계처럼 생각하는 경향이 있습니다. 그래서 아무리 어려운 일로 고통을 당해도 신앙으로 무장하기만 하면 일순간에 고통이 사라지고 절망의 그림자가 걷혀야 하는 것으로 생각합니다. 그래야 믿음이 좋은 것으로 생각합니다. 하나님을 신뢰하면서도 때로 고통할 수 있고, 하나님이 인생의 주관자임을 인정하면서도 때로 항의할 수 있고, 하나님을 의지하면서도 때로 절망하고 불안에 떨 수 있는데, 우리는 그런 사실을 인정하려 하지 않습니다. 한 마디로 신앙이 없어서 그런 것이라고 못박아 버리기 일쑤입니다.

여러분, 이건 너무 단편적이고 기계적이라고 생각되지 않습니까? 너무 비인간적이라고 생각되지 않으십니까? 우리는 왜 신앙을 가지면 마치 인간적인 모든 감정과 연약함을 버려야 한다고 생각하는 겁니까? 의문이 신뢰의 또 다른 표현이라는 것을 왜 인정하지 않는 겁니까? 하나님께 항의하고 탄원하는 것이 하나님을 거부하는 것이 아니라는 것을 왜 인정하지 않는 겁니까?

신앙이 건강한 균형을 잡으려면 하나님과 더불어 인간을 함께 보아야 합니다. 그런데 그 동안 우리는 하나님만 보았지 인간을 보지 않았습니다. 솔직히 말해서 한국교회는 그 동안 신앙으로 인간을 가려 버렸습니다. 하나님의 영광과 주권을 강조한 것은 좋았는데, 그러다 보니 상대적으로 인간은 간 곳이 없어져 버렸습니다. 그래서 한국교회는 교리적으로는 인간론이 있지만 신앙적으로는 인간론이 없다고 생각됩니다. 인간이라고 하는 것이 얼마나 복합적인 존재인지를 충분히 고려하지 못한 채 신앙을 말하고 있다고 생각됩니다. 그 결과 우리의 신앙은 지나치게 교조적이고 기계적이고 단순화의 경향성을 갖게 되었다고 생각합니다.

여러분! 욥이 정말 신앙이 부족해서 그랬습니까? 성령이 충만하지 않아서 그랬습니까? 아닙니다. 절대 아닙니다. 세상에 욥만큼 신앙 좋은 사람이 없습니다. 욥만큼 하나님을 알고, 하나님을 신뢰하고, 하나님의 영으로 충만했던 사람이 없습니다. 그런데 그런 욥이 죽음을 사모할 정도로 절망하기도 하고, 바다 모래보다 더 무거운 고통의 무게에 짓눌려 신음하기도 했습니다. 고통의 바다 한가운데에서 한없이 허우적거렸습니다. 이게 위대한 신앙의 사람 욥이 고통의 한가운데 있을 때의 모습입니다. 그리고 여기에 신앙의 인간론이 있습니다.

한 가지 아주 재미있는 것은 끝에 나타나는 하나님의 평가입니다. 욥기의 결말 부분에 가면 하나님이 욥에게 말씀하시는 게 나오는데, 그때 하나님이 욥을 정죄하지 않는다는 사실을 주목할 필요가 있습니다. 여러 가지로 욥에게 도전하는 말씀을 던지기는 합니다. 욥을 일컬어 "무지한 말로 이치를 어둡게 하는 자"(38:2)라고 혹평을 하기도 합니다. 그러나 욥을 정죄하지는 않습니다.

세 친구들에 대해서는 하나님이 분명하게 그들의 잘못을 정죄했습니다. 회개의 제사를 명령했습니다. 그러나 욥에게는 그러지 않았습니다(42:7-8). 여러분, 이건 뭘 의미합니까? 하나님은 욥이 정말 그럴 수 있다는 것, 탄식하고 절망하고 가슴을 치며 아파할 수 있다는 것을 인정하고 받아주셨다는 것을 의미합니다.

하나님은 사람을 아십니다. 사람이 고통 앞에서 얼마나 연약할 수 있는지를 아십니다. 사람이 얼마나 복잡한 존재인지를 아십니다. 그러기 때문에 하나님은 욥에게 이런 식으로 호통 치지 않았습니다. '나를 신뢰한다고 하는 녀석이 그래, 이만한 고통 하나 이겨내지 못하느냐? 그렇게 믿음이 없느냐?'라고 호통치지 않았습니다.

하나님이 세 친구들은 정죄하면서도 욥을 정죄하지 않으신 것 속에는 이런 메시지가 숨어 있다고 생각됩니다. '욥아, 네가 아픔으로 절망하고 신음하는 것 내가 다 이해한다. 탄식이 탄식만이 아님을, 원망이 원망만이 아님을 내가 다 안다. 너의 중심이 어떠함을 내가 다 알지. 암 알고 말고.' 어떻습니까? 너무 자의적인 해석인가요? 여러분의 마음에는 제가 들은 이 무언의 메시지가 들리지 않나요? 충분히 들리시리라 믿습니다.

그렇다고 욥의 행동이 다 정당하다는 건 아닙니다. 단지 욥의 탄식과 거친 항의가 불신앙으로 매도되어야 할 성질의 것은 아니라는 이야기입니다.

하나님은 진실로 사람을 한없이 이해하시는 분이십니다. 한없이 받아주시는 따뜻한 분이십니다. 욥이 고통 앞에서 휘청거릴 때 그걸 신앙이 없어서 그런 것이라고 몰아세우지 않는 분이십니다. 하나님은 한국교회의 신앙과는 다르게 깊은 인간론을 배경에 깔고 우리들을 인도하시고 이해하시고 다스리시는 분이십니다.

그러기 때문에 참된 신앙에는 인간론이 증발하지 않습니다. 견고한 인간론이야말로 진정한 신앙의 축복입니다. 그런데 어찌하여 한국교회에서 판을 치는 신앙은 하나님의 인간론이 증발해 버렸습니까? 왜 신앙으로 하나님의 선물인 인간성을 짓밟는 것입니까? 왜 주님이 십자가에서 살려낸 인간성을 함부로 평가절하하고 숨통을 조이는 것입니까?

제가 이렇게 말한다고 해서 혹여 오해는 하지 말아주십시오. 저는 지금 인간 중심주의를 주장하는 것이 아닙니다. 단지 인간을 존중하는 태도가 필요하다는 이야기를 하는 것이니까요. 우리의 신앙 세계 안에는 분명히 인간 존중의 가치와 문화가 살아나야 한다는 것, 인간을 바라보시는 하나님의 시선과 예수님의 태도가 회복되어야 한다는 것을 말씀드리는 것입니다. 그래야 신앙 안에서 건강한 인간성 회복과 성숙이 일어날 수 있겠기에 드리는 말씀입니다.

교회 밖에 있는 사람들이 그리스도인을 향해서 이런 말을 종종 합니다. ‘예수 믿는 것들은 도무지 인간 냄새가 안 난다.’ 그리스도인들이 이런 비판의 소리를 듣는 것도 사실은 건강한 인간성을 상실했기 때문이라고 생각합니다. 그러니 제가 이 대목에서 목청을 높이는 것을 양해해 주시기 바랍니다.

저는 다시 한 번 간절한 마음으로 한 말씀 드리고 싶습니다. 제발 신앙의 이름으로 인간성을 짓밟지 마십시오. 진정한 신앙은 인간을 품어내는 것이지 인간을 짓밟는 것이 아닙니다. 진실로 하나님은 인간성을 회복해내는 분이시지 인간성을 박살내는 분이 아니십니다.

물론 신론과 인간론이 균형을 이루어야 하는 것은 당연합니다. 절대 인간론이 신론에 앞설 수는 없습니다. 어떤 경우라도 인간론은 신론을 통해서만 건강한 터를 잃지 않을 수 있습니다. 또 참 신앙은 언제나 바른 신론을 통해서만 참 인간론에 눈뜰 수 있고, 참 인간론이 있을 때 신론이 왜곡되는 것을 막을 수 있습니다.

인간적인 정직함이 변화의 열쇠

욥은 고난 가운데 있을 때 절망의 깊은 신음을 숨김없이 폭로했습니다. 아픔을 감추지 않았습니다. 고통의 무게를 가벼운 것처럼 꾸미지도 않았습니다. 있는 그대로 정직하게 하나님 앞에 내놓았습니다. '이렇게 하면 신앙이 없는 사람처럼 보이지 않을까' 하는 염려를 하지 않았습니다. 그는 진실로 하나님 앞에 정직했습니다. 자신의 약한 모습을 숨기지 않고 드러냈습니다. 온갖 악다구니와 탄식을 쏟아냈습니다. 분노와 죽음같은 절망에 몸부림쳤습니다. 욥은 하나님 앞에서 완전한 의인으로 나서지 않았습니다. 위대한 믿음의 영웅으로 서지도 않았습니다. 그는 정직하게 한 인간으로 섰습니다.

우리가 하나님과 만날 때도 바로 욥과 같은 인간적인 정직함이 필요합니다. 하나님과 만날 때 정직한 것보다 더 중요한 것은 없습니다. 거짓으로 꾸미는 것으로는 절대로 하나님을 만날 수 없습니다. 흠 잡히지 않으려고 그럴 듯하게 꾸미고, 거룩하고 의로운 채 폼 잡는 것은 사람에게는 통할지 몰라도 하나님에게는 안 통합니다. 하나님은 속지 않습니다. 하나님 앞에서는 좌우간 정직해야 합니다. 필요 이상으로 잘 보이려고 애쓸 필요가 없습니다. 지금 내 모습 이대로 나가면 됩니다.

사람 앞에서는 100% 정직할 수 없습니다. 때로는 감추어야만 하는 게 있고, 나만이 간직해야 할 비밀이 있는 법입니다. 그러나 하나님 앞에서 만큼은 100% 정직할 수 있고, 또 정직해야 합니다. 모든 걸 다 아시는 하나님 앞에서 무엇을 꾸민단 말입니까? 욥과 같이 정직하십시오. 아픔이 있으면 눈물을 흘리십시오. 죄가 있으면 고백하십시오. 참을 수 없는 분노가 있으면 절규하십시오. 의문이 있으면 질문하십시오. 사람에게 하면 위험합니다. 사람에게 쏟았다가는 덤터기 쓰기 십상입니다.

그러나 하나님에게는 정직하십시오. 그 분 앞에서는 옷을 벗으십시오. 그래야 용서도 받고 위로도 받고 변화도 받습니다. 자신과 하나님께 정직해야 합니다. 정직하지 않으면 절대로 변화할 수 없습니다. 하나님과 자신을 속이는 사람은 죽는 날까지 변화할 수 없습니다. 오직 정직한 자만이 변화할 수 있습니다. 그러므로 신앙인은 괜히 폼 잡을 필요가 없습니다. 괜히 폼 잡고 으시대는 사람은 하나님이 어떤 분인지, 자기가 어떤 존재인지 모르는 소갈머리 없는 자입니다.

고난을 통해서 욥은

욥의 이야기는 재앙을 만나기 전보다 갑절이나 되는 축복을 받았다는 기록으로 끝납니다. 그러기 때문에 욥이 고통을 통과한 후에 어떻게 살았는지에 대해서는 자세히 알 수 없습니다. 그러나 예상컨데 욥은 지난날보다 더욱 따뜻한 위로자가 되었을 것이라고 믿습니다. 비록 성경에는 정확하게 기록되어 있지 않지만, 욥이 본래 어떤 사람이었는지를 생각해 본다면 그 정도는 미루어 짐작할 수 있을 것입니다. 욥은 분명히 지난날보다 더 따뜻한 위로자요, 인간을 더 깊이 이해하는 속 깊은 사람으로 성숙했을 것입니다.

저가 예전에는 간경화로 고생하시는 성도님의 아픔이 어느 정도인지 몰랐습니다. 겉으로 보기에는 그래도 멀쩡하고 살 만해 보이니까 살 만하겠거니 생각했습니다. 그런데 제가 간염을 앓아보니까 간질환이 얼마나 불편하고 견디기 힘든 것인지 알게 됐습니다. 컨디션이 좋지 않을 때는 앉아 있는 것조차 힘들 때가 있고, 그냥 누워 있는 것 외에는 아무것도 할 수 없는, 그야말로 바람 빠진 풍선처럼 온 몸의 기운이 다 빠져나가는 것을 경험하고서야 간질환으로 고생하는 사람들의 아픔을 조금은 이해하게 되었습니다. 욥도 인간입니다. 그도 고난을 겪고 나서야 고난 가운데 있는 자들의 아픔을 더 깊이 알게 되었을 것입니다.

그렇습니다. 아픔을 겪어본 자만이 다른 사람의 아픔을 압니다. 아픔을 겪어본 자만이 위로자가 될 수 있습니다. 최고의 위로자는 상담 이론을 많이 배운 사람이 아니라 아픔을 겪어본 사람입니다. 실패를 경험해 본 자만이 실패한 자를 위로할 수 있고 용기를 줄 수 있습니다. 성공한 자의 위로는 실패한 자에게 힘이 되지 못합니다. 그래서 때로 하나님은 고난 가운데 있는 자들을 위로하고 섬기는데 우리를 사용하시려고 우리에게 고난을 경험하게 하십니다. 실패한 자를 섬기라고 실패를 경험하게도 하십니다. 하나님께서는 누군가에게 들려줄 이야기를 하기 위해서 나에게 생각지 못한 상황을 만나게 하실 수 있습니다. 이것이 하나님의 지혜요 섭리입니다.

이 장을 마치면서 다시 한 번 힘주어 말씀드리고 싶습니다. 하나님은 우리에게 성공, 축복, 기쁨만 주는 분은 아니십니다. 최고의 교사이신 하나님은 우리에게 성공뿐 아니라 실패도, 축복뿐 아니라 시련도, 기쁨뿐 아니라 아픔도 주시는 분이십니다.

축복과 기쁨이 우리를 위한 하나님의 선물이듯, 실패나 시련도 우리를 위한 하나님의 선물입니다. 앞에서 말씀드린 아담에 대해서도 그렇습니다. 아담을 하나님의 실패작이라고 보는 것은 무리가 있습니다. 아담은 아주 특이한 하나님의 사명을 갖고 태어난 것이지 실패작이 아닙니다. 그러므로 당신의 인생에 대해서도 세상이 말하는 성공과 실패의 잣대로만 평가하지는 말아주십시오. 그리스도 안에 있는 자에게 영원한 실패, 영원한 시련은 없습니다.

하나님의 사람은 말합니다. "고난당한 것이 내게 유익이라"(시 119:71).

9장

욥은 비로소

하나님은 인간의 행위에 매이는 분이 아니라는 것,

하나님은 무한히 자유하시며 알 수 없는 지혜로 만사를 섭리하신다는 것,

하나님은 인과응보의 세계를

넘어 계신다는 것을 알게 되었습니다.

"주님께서 또 욥에게 말씀하셨다. 전능한 하나님과 다투는 욥아, 네가 나를 꾸짖을 셈이냐? 네가 나를 비난하니 어디, 나에게 대답해 보아라. 그 때에 욥이 주님께 대답하였다. 저는 비천한 사람입니다. 제가 무엇이라고 감히 주님께 대답할 수 있겠습니까? 다만 손으로 입을 막을 뿐입니다. 이미 말을 너무 많이 했습니다. 더 할 말이 없습니다. 그러자 주님께서 폭풍 가운데서 다시 말씀하셨다. 이제 허리를 동이고 대장부답게 일서서서 내가 묻는 말에 대답하여라. 아직도 너는 내 판결을 비난하려느냐? 네가 자신을 옳다고 하려고 내게 잘못을 덮어씌우려느냐? 네 팔이 하나님의 팔만큼 힘이 있느냐? 네가 하나님처럼 천둥소리 같은 우렁찬 소리를 낼 수 있느냐? 어디 한 번 위엄과 존귀를 갖추고, 영광과 영화를 갖추고, 교만한 자들을 노려보며 네 끓어오르는 분노를 그들에게 쏟아내고 그들의 기백을 꺾어 보아라. 모든 교만한 자를 살펴서 그들을 비천하게 하고, 악한 자들을 그 서 있는 자리에서 짓밟아서 모두 땅에 묻어 보아라. 모두 얼굴을 천으로 감아서 무덤에 뉘어 보아라. 그렇게만 할 수 있다면, 나는 너를 찬양하고 네가 승리하였다는 것을 내가 인정하겠다"(욥기 40:1-14).

9장 욥과 하나님의 논쟁

이제 마지막 장을 열게 되었습니다. 영화나 연극, 인생에서 마지막이 중요하듯이 욥의 이야기도 마지막이 중요합니다. 새로운 기대를 하면서 마지막 이야기를 들어 봅시다. 욥과 친구들의 열띤 논쟁은 평행선만 달릴 뿐 해결의 실마리가 풀리지 않았습니다. 그러자 젊은 친구 엘리후가 갑자기 등장합니다. 엘리후는 비록 젊었지만 세 친구와는 달랐습니다. 욥의 문제를 정확하게 꿰뚫어보는 탁월한 통찰력이 있었습니다. 32장부터 37장까지 신바람 나게 말을 쏟아놓는데, 갑자기 38장에서 하나님이 엘리후를 가로막고 나섭니다.

하나님과 욥의 만남

드디어 기다리고 기다리던 진짜 주인공이 등장했습니다. 지금까지 그렇게 불러도 대답 없던 하나님, 아무리 손을 펴도 잡아주지 않던 하나님, 철저하게 침묵하시며 숨어 계시던 하나님이 드디어 등장하셨습니다. 이제 그 자리에는 욥 외에는 아무도 없습니다. 하나님과 사단과의 내기는 이미 하나님의 승리로 끝이 났고, 세 친구들과 엘리후의 말도 더 이상 들을 필요가 없어졌습니다. 이제 남은 것은 오직 하나님과 욥뿐입니다.

하나님께서는 욥에게 대뜸 이렇게 말씀하십니다. "그 때에 여호와께서 폭풍 가운데로서 욥에게 말씀하여 가라사대, 무지한 말로 이치를 어둡게 하는 자가 누구냐"(38:1-2, 개역). "무지한 말로 이치를 어둡게 하는 자"라는 말은 고난 중에 욥이 말하고 행동한 것에 대한 하나님의 평가입니다. 40장에 가면 욥에게 이렇게 말합니다. "전능한 하나님과 다투는 욥아, 네가 나를 꾸짖을 셈이냐? 네가 나를 비난하니, 어디 나에게 대답해 보아라"(40:2).

하나님과 다투는 욥. 그렇습니다. 욥이 지금까지 친구들과 논쟁했지만 사실은 친구들과 논쟁한 것이 아니라 하나님과 논쟁했습니다. 친구들의 허무맹랑한 이야기, 죄 때문에 고난을 당한 것이라고 하는 닳고 닳은 이야기에 식상한 욥은 거의 언제나 하나님께 하소연하고 하나님께 항의하며 하나님과 다투었습니다.

"내가 지은 죄가 무엇입니까? 내가 무슨 잘못을 저질렀습니까? 내가 어떤 범죄에 연루되어 있습니까"(13:23). 이렇게 자신만만하게 자신의 결백을 주장하는 욥을 향해 하나님은 "무지한 말로 이치를 어둡게 하는 자가 누구냐"(38:2)고 나무라셨습니다. 지금 여기서 하나님이 말씀하시는 욥에 대한 평가는 욥기 1장에 나오는 평가와는 영 딴판입니다. 하나님은 본래 욥을 순전하고 정직하여 여호와를 경외하고 악에서 떠난 사람이라고 평가했습니다. 그런데 여기서는 전능하신 하나님과 다투고 하나님을 꾸짖고 비난하는 사람이요, 무지하고 헛된 말로 하나님의 지혜를 의심하는 사람이라고 꾸짖습니다. 똑같은 하나님이 욥에 대해서 다른 평가를 내리고 있습니다.

그러나 이 두 가지 평가가 결코 상반되는 것은 아닙니다. 욥은 분명히 여호와를 경외하고 악에서 떠난 사람입니다. 그러나 동시에 하나님의 지혜와 공의의 신비를 다 알지 못해 악다구니를 하며 전전긍긍했던 것도 사실입니다. 그리고 바로 여기에 의롭고 깨끗한 신앙의 사람 욥의 한계가 있습니다.

인과응보 사상을 넘지 못한 욥

욥은 고난의 첫 대목에서 대단한 신앙 고백을 했습니다. 그런데 시간이 가면 갈수록 앞부분에서 보았던 신실한 욥의 모습은 점점 추락해 갑니다. 그러다가 나중에는 하나님의 공의는 어디로 간 것이냐며 하나님을 힐난하기까지 합니다. 왜 죄 없는 자기를 사지로 몰아넣느냐고 항의합니다. 왜 욥이 이렇게 추락했을까요?

욥이 이렇게 된 것은 욥도 역시 친구들처럼 죄 없는 자에게 고난이 닥치는 것은 있을 수 없는 것이라는 인과응보 사상에 얽매여 있었기 때문입니다. 욥과 친구들의 차이점은 단지 하나입니다. 친구들은 욥이 엄청난 재앙을 만난 걸 보니 분명히 죄가 있다는 것이었고, 욥은 엄청난 재앙을 당할 만큼 죄 지은 게 없다는 것이었습니다. 이처럼 주장의 형식은 달랐지만 주장의 본질은 같았습니다. 둘 다 인과응보 사상에 근거한 주장이었습니다.

욥은 분명히 신앙의 최고봉에 오른 사람입니다. 그러나 그럼에도 불구하고 인과응보 사상을 넘어서지는 못했습니다. 그렇다고 욥이 인과응보 사상에 기초해 믿음의 생활을 한 것은 아니었습니다. 만일 인과응보 사상에 기초해 여호와를 경외했다면 마지막까지 악다구니를 하며 버티지도 못했을 것입니다. 사단이 주장한 대로 모든 것이 날아간 순간 욥의 입에서는 하나님을 부인하고 저주하는 말이 터져 나왔을 것입니다. 그런데 욥이 그렇게 하지 않은 걸 보면 인과응보 사상이 욥의 신앙적 기초가 아니었다는 것은 분명해 보입니다.

여기서 잠시 인과응보 사상에 대해 살펴봅시다. 인과응보 사상은 모든 것의 원인을 하나님의 자유로운 은총에 두지 않고 자기 행위에 두는 사상입니다. 다시 말하면 사람이 복을 받거나 화를 당하는 것이 하나님의 선하신 뜻이 아니라는 겁니다. 복 받을 짓을 하면 복을 주시고, 벌 받을 짓을 하면 벌을 주신다는 것이 인과응보 사상입니다. 이 사상은 성경의 하나님과는 전혀 상관없는 사상입니다. 하나님을 인간의 행동에 따라 반응하시는 정도의 매우 우스운 분으로 만드는 사상입니다. 하나님을 감시자나 처벌자 수준으로 떨어뜨리는 사상입니다. 욥은 적어도 그런 유치한 수준에 있지는 않았습니다.

욥은 주신 분도 여호와시요 가져가신 분도 여호와이심을 인정하고 고백했던 신앙인, 즉 하나님의 주권을 인정하는 신앙인이었습니다. 그러나 인과응보 사상을 완전히 넘어선 것은 아니었습니다. 인과응보 사상에 매이지도 않았지만 넘어선 것도 아니었습니다. 이것이 욥의 한계였습니다. 욥은 이 한계를 넘어야 합니다. 인과응보의 한계선을 넘어야만 신앙의 최고봉에 오를 수 있습니다. 하여, 그렇게도 침묵하시던 하나님이 인과응보라는 신앙의 마지막 한계선을 깨부수기 위해 등장하신 것입니다.

여전히 설명하지 않으시는 하나님

드디어 하나님이 등장하셨지만 하나님은 욥에게 아무것도 설명하지 않으십니다. 왜 그렇게 말이 많으냐고, 자신의 정당성을 주장하느냐고 나무라시기는 하셨지만, 왜 재앙이 닥친 것인지, 욥이 뭘 잘못했는지에 대해서는 아무런 말씀을 하지 않으십니다. 친구들의 주장에 대해서는 분명하게 잘못이라고 지적하셨으면서도(42:7) 욥에 대해서는 잘못을 지적하지 않으십니다. 이로써 하나님은 욥이 친구들과의 논쟁에서 정당했음을 확인해 주셨습니다. 욥에게 닥친 재앙이 적어도 친구들이 주장하는 것처럼 숨겨진 죄 때문에 닥친 것은 아니라는 사실에 대해서는 하나님이 분명히 하신 것입니다.

그렇습니다. 욥이 당한 고난은 죄 때문이 아니었습니다. 욥의 결백 주장은 결코 교만한 것이 아니었습니다. 욥은 정녕 죄 없이 고난을 당했습니다. 욥이 그처럼 미쳐 날뛴 것도 바로 이것 때문입니다. 왜 공의로우신 하나님이 죄 없는 자에게 고난을 주시느냐는 겁니다.

아무리 생각해 봐도, 하나님과 함께 걸어 온 지난날을 돌아보아도, 욥으로서는 도무지 이해할 수가 없었습니다. 그렇다고 다짜고짜 하나님께 잘못했다고 회개하며 머리를 조아릴 수도 없었습니다. 욥은 자기 앞에 닥친 재앙의 원인을 진실로 알고 싶어 했습니다. 하여, '왜 내가 이런 고통을 당해야 하느냐' 고 목이 터져라 물었던 것입니다. 그렇건만 하나님은 그 문제에 대해서는 여전히 아무런 말씀이 없습니다.

우리 생각에는 1장과 2장에 나오는 대로 하늘에서 있었던 일들을 이제는 소상히 알려주어도 무방할 것 같은데 하나님께서는 끝까지 말씀을 하지 않으십니다. 시나리오의 중간에서야 말할 수 없었다 할지라도 이제는 상황이 거의 종결되는 마당이니 진실을 밝혀도 될 것 같아 보입니다. 그런데 하나님은 도무지 말해 주지 않습니다.

왜 하나님은 그토록 답답해하는 욥에게 사실을 말하지 않는 것일까요? 생각해 봅시다. 만일 하나님이 사실대로 말했다고 해봅시다. '욥아, 사실은 말이야, 네 죄 때문이 아니고 내가 사단하고 내기를 한 거란다. 사단이 하도 우기기에 내가 가장 신뢰하는 너를 걸고 내기를 했던 거야.' 이런 식으로 대답을 하셨다면 어떻게 되었겠습니까? 아마 기절하고 말았을 것입니다.

이유를 알고 이해하기는커녕 오히려 '하나님, 왜 하필 나를 희생양으로 삼았습니까? 제가 그렇게 만만하십니까?' 하며 펄펄 뛰었을 겁니다. 펄펄 뛰는 욥을 달래가며 '사실은 말이야, 네가 만만해서가 아니라 정말 신뢰할 만한 놈이 너밖에 없어서 그런 거란다. 그리고 이 내기는 피치 못할 내기였어. 신앙의 진정성 여부를 밝히는데 있어서 한 번은 거쳐야 할 내기였단다. 알겠느냐? 이렇게 붙잡고 아무리 자상하게 설명해 주어도 욥의 처지에서 납득하기는 어려웠을 것입니다. 뿐더러, 내기 치고는 너무 심했다고 원망할 것이 분명합니다. 그러니 차마 진실을 다 밝히기 어려웠을 것입니다.

또 한편, 하나님이 욥에게 모든 진실을 다 밝히지 않은 것은 또 다른 메시지가 숨어 있다고 생각됩니다. 뭔가 중요한 암시가 들어 있다고 생각됩니다. 그게 뭘까요? 진실을 다 밝히는 것이 꼭 유익한 것도 아니고, 꼭 필요한 것도 아니라는 것입니다. 사람은 최선을 다해 진실을 알기 위해 노력해야 합니다. 진실에 눈떠 가는 것이 신앙의 축복입니다. 허나, 사람은 진실을 다 알 수 없고, 꼭 알아야 하는 것도 아닙니다. 인생에는 영원히 열리지 않는 감추어진 부분이 있습니다.

아무리 과학이 발달하고 인지 능력이 발달해도 절대 알 수 없는 부분이 있습니다. 아니, 거의 모든 일은 인간에게 베일로 싸여 있습니다. 5분 후의 일조차도 알 수 없는 것이 사람이요, 지나온 일들을 다 해석할 수 없는 것이 사람입니다. 욥도 끝내 하늘의 비밀을 알지 못했습니다. 하나님과 사단이 내기한 것을 알지 못했습니다. 알지 못한 채 당해야 했습니다. 이것이 인생입니다. 이처럼 알 수 없는 것을 기어이 알아내겠다고 발버둥 쳐봐야 헛일입니다. 발버둥 친다고 알 수 있는 게 아니니까요.

그럼 어떻게 해야 합니까? 알 수 없는 것은 알 수 없는 대로 인정하고 가는 수밖에 없습니다. 하나님을 신뢰하고 가는 수밖에 없습니다. 그것이 하나님과 사람의 차이라는 것을 인정하고 가야 합니다. 때가 되면 알 수도 있겠지만, 영원히 알지 못할 수도 있다고 인정하고 가야 합니다. 매우 막연하지만 다른 길이 없습니다. 힘들고 답답해도 무엇이 나에게 최선인지를 진실로 아시는 분은 하나님이시니 그분께서 아서서 내 인생을 이끌고 가신다는 것을 신뢰할 뿐입니다. 그래서 때로는 독특한 고통을 주실 수도 있다는 것을 인정하고 가야 합니다. 그래야 알 수 없는 고통일지라도 받아들일 수 있습니다.

창조 세계를 통해서 욥을 깨우치시는 하나님

하나님은 욥이 끈질기게 묻고 또 물은 문제, 왜 죄 없는 자기에게 고난이 닥쳤는가 하는 문제에 대해 어떤 식으로든 응답하셔야 했습니다. 그런데 한 마디도 설명해주지 않으십니다. 왜 죄 없는 자에게 고난이 닥치는지에 대해서는 침묵하신 채로 전혀 엉뚱한 방법을 사용하십니다.

하나님은 욥을 이끌고 광대한 우주의 세계로 여행을 떠납니다. 욥에게 우주의 구석구석을 보여주시면서 하늘과 땅 이야기, 별과 구름과 달 이야기, 하마, 악어, 호랑이, 노새, 산양 같은 이야기를 죽 늘어놓습니다. 이런 이야기는 언뜻 보면 지금 욥이 심각하게 고민하는 문제와는 아무런 상관도 없어 보이는 엉뚱한 이야기입니다. 그런데 하나님은 욥을 이끌고 우주의 세계를 다니면서 욥에게 질문을 퍼붓습니다.

내가 땅의 기초를 놓을 때에 네가 거기 있었니? 누가 이 땅을 설계했는지 너는 아니? 너는 아침에게 명령하여 동이 트게 해본 일이 있니? 죽은 자가 들어가는 문을 들여다 본 일이 있니? 네 소리를 높여서 구름에게 명령을 내릴 수 있니? 네가 할 수 있다면 한 번 모든 교만한 자를 살펴서 그들을 비천하게 만들어주고 악한 자들을 짓밟아서 모두 땅에 묻어 보아라. 너는 거대한 바다 괴물 리워야단과 싸워 이길 수 있니? 너는 비가 오게 하거나 그치게 할 수 있니? 바람의 방향을 조정할 수 있니?

이런 질문의 숫자를 세어보니 무려 71개나 되는 질문을 하고 있습니다.

마치 아버지가 어린 아들을 데리고 다니면서 이것 묻고, 저것 묻고 하듯이 그렇게 욥을 데리고 다니시면서 이것저것 묻고 있습니다. 하나님은 심지어 이런 말까지도 하십니다.

"어디 한 번 위엄과 존귀를 갖추고, 영광과 영화를 갖추고, 교만한 자들을 노려보며 네 끓어오르는 분노를 그들에게 쏟아내고 그들의 기백을 꺾어 보아라. 모든 교만한 자를 살펴서 그들을 비천하게 하고, 악한 자들을 그 서 있는 자리에서 짓밟아서 모두 땅에 묻어 보아라. 그렇게만 할 수 있다면 나는 너를 찬양하고 네가 승리하였다는 것을 내가 인정하겠다"(40:10-14).

이게 무슨 말입니까? 쉽게 말하면 이런 겁니다. 네가 그렇게 억울하고, 네가 당한 일이 못마땅하거든 너 스스로 한 번 영광을 회복해 보라는 것입니다. 그리하여 모든 교만하고 악한 자들을 다 쓸어 버려 보라는 것입니다. 만일 네가 능력이 있어서 그런 일을 할 수만 있다면 내가 너를 하나님으로 대접하겠다는 이야기입니다.

창조 세계를 여행시키시는 이유

과연 하나님은 무슨 꿍꿍이가 있어서 이러시는 걸까요? 욥을 데리고 당신의 창조 세계를 다니며 여행하는 이유가 무엇입니까? 욥에게 그렇게 많은 질문을 퍼붓는 이유가 무엇입니까? 그 이유는 두 가지입니다.

첫째, 욥에게 자기 분수를 깨우쳐 주려고 그런 것입니다. 지금 욥은 대단합니다. 비록 죄를 지은 것이 없고, 순전하고 깨끗하게 살아온 욥이긴 하지만 고통으로 인하여 내면세계가 깨어진 나머지 분노와 원망이 가득한 욥입니다. 당당하게 얼굴을 들고 하나님께 잘못을 돌리고 있습니다. 하나님은 자기를 원수 대하듯이 대하지만 자기는 그럼에도 불구하고 죽는 날까지 하나님 앞에 순결함을 잃지 않겠노라고 선포합니다. 하나님보다 더 의로워지겠다는 속셈입니다. 이런 욥을 향해서 하나님이 도전하는 겁니다.

'욥아, 도대체 네가 누구관대 그처럼 지껄이느냐? 네가 누구관대 마치 내가 해서는 안 될 일이라도 한 것처럼 나를 비판하느냐? 네가 누구냐? 정말 네가 그럴 만한 자격이 있느냐? 너는 네 머리털 하나도 희거나 검게 할 수 없는 놈이다. 너는 게릴라성 비가 쏟아져도 손 하나 쓸 수 없는 존재가 아니냐? 코스모스 한 송이도 피거나 지게 할 수 없는 존재가 아니더냐?

바로 이 진실을 깨우쳐 주려는 것이 우주 여행의 목표입니다. 욥은 창조 세계를 다스릴 수 없는 하나의 피조물에 불과하다는 사실을 깨우쳐 주기 위한 것이었어요. 뭐 대단히 신비한 영적 지식을 깨우치려고 한 것이 아닙니다. 지극히 상식적이고 근본적인 진실, 너는 피조물이라는 이 진실을 깨우치기 위해서 하나님은 욥을 데리고 창조 세계를 여행한 것입니다.

욥은 하나님과 함께 창조 세계를 두루 여행하고 질문을 받으면서 스스로 깨닫게 됩니다. 하나님의 질문에 한 마디도 대답할 수 없는 자신을 보면서, 광활한 창조 세계 어디를 보아도 자기가 한 일이라고는 아무것도 없다는 진실에 눈을 뜨면서 욥은 스스로 깨닫습니다.

"나는 미천하오니 무엇이라 주께 대답하리이까. 손으로 내 입을 가릴 뿐이로소이다"(40:4). 비로소 자기가 얼마나 미천한 존재인지, 아무것도 아닌 존재인지를 깨닫게 됩니다. 더 이상 할 말이 없다고 자백합니다. 말할 자격도 없으면서 함부로 떠든 것을 못내 부끄러워합니다.

하나님이 말로 설명해준 것도 아니고 가르친 것도 아닌데 하나님의 창조 세계를 보고 하나님의 질문을 들으면서 욥 스스로 깨달았습니다. 광대한 창조 세계에서 자기가 알 수 있는 것이 하나도 없다는 것을, 할 수 있는 것이 정말 없다는 것을, 자기는 하나의 피조물에 불과하다는 것을, 하나님의 창조 세계 앞에서 단지 점 하나에 불과하다는 것을, 무지한 존재라는 것을, 지금까지의 자기 인생도 의로움의 대가가 아니라 오직 은혜일 뿐이었다는 것을 그제야 비로소 몸으로 깨달았습니다.

그렇다고 해서 욥이 자신의 피조성을 몰랐다는 이야기는 아닙니다. 이전에도 자신이 피조물임을 알았습니다. 주신 분도 여호와시요 취하신 분도 여호와시라는 것을 알았습니다. 하나님이 어떻게 하시든 할 말이 없는 존재라는 것을 알았습니다. 그러나 알았음에도 불구하고 안 것이 아니었습니다. 욥이 고난을 통과하고 우주를 여행하며 하나님의 질문 공세를 받기까지는, 알았지만 아는 것이 아니었습니다.

그렇습니다. 머리로 아는 것은 아는 것이 아닙니다. 피상적인 앎은 앎이 아닙니다. 앎의 깊이에까지 파고들지 못한 앎은 진정한 앎이 아닙니다. 바다 모래보다 더 무거운 고통에 눌려 보고 나서야, 하나님의 창조 세계 앞에 서고서야, 하나님의 질문 공세를 받고 나서야, 비로소 인간의 한없이 작음에 눈뜰 수 있었습니다.

자아의 실상을 발견하자

욥이 자신의 한없이 작음에 눈을 뜨자 지금까지 닫혀 있던 세계가 새롭게 열렸습니다. 하나님을 아는 차원이 달라졌습니다. 욥이 드디어 하나님께 고개를 숙이고 이렇게 고백합니다.

"욥이 야훼께 대답하였다. 알았습니다. 당신께서는 못하실 일이 없으십니다. 계획하신 일은 무엇이든지 이루십니다. 부질없는 말로 당신의 뜻을 가리운 자, 그것은 바로 저였습니다. 이 머리로는 헤아릴 수 없는 신비한 일들을 영문도 모르면서 지껄였습니다. 당신께서 어떤 분이시라는 것은 소문으로 겨우 들었었는데, 이제 저는 이 눈으로 당신을 뵈었습니다. 그리하여 제 말이 잘못되었음을 깨닫고 티끌과 잿더미에 앉아 뉘우칩니다"(42:3, 5-6, 공동번역).

지금까지 욥이 하나님에게 쏟아낸 주장에 비추어 보면 감히 상상할 수도 없는 고백을 하고 있습니다. 하나님의 지극히 크심을 노래하고 있습니다. 못하실 일이 없으시고, 계획하신 일은 무엇이든 다 이루시는 전능하신 분임을 찬양하고 있습니다.

그리고 이 고백에서 발견하게 되는 놀라운 사실 하나가 있습니다. 욥이 지금까지는 하나님에 대해 소문으로만 듣고 알았는데 이제는 눈으로 뵈었다는 고백입니다. 여기서 소문으로만 들었다는 것은 전통적으로 전해 내려오는 이야기만 듣고, 그 이야기에 근거해 하나님을 이해했다는 말입니다. 사람들이 상식적으로 이해하는 일반적인 수준에서 하나님을 이해했다는 말입니다. 인과응보의 수준을 넘어서지 못했다는 이야기입니다.

그러나 이제는 눈으로 하나님을 뵈었다고 고백합니다. 일반적인 차원에서가 아니라 개인적인 차원에서, 이론적인 차원에서가 아니라 인격적인 차원에서 하나님을 대면하게 되었다는 이야기입니다. 그 동안에는 하나님을 듣고 배워서 이해했다면, 이제는 하나님을 인격적으로 대면하여 알게 되었다는 이야기입니다. 하나님에 대해서가 아니라 하나님 자신과 관계를 맺고 있다는 이야기입니다. 피상적인 차원에서 깊이의 차원으로 변화했다는 이야기입니다.

이처럼 욥이 자신의 실상을 알게 되고, 하나님의 지극히 크심에 눈뜨게 되자 그렇게 악다구니를 하던 마음이 눈 녹듯 사라졌습니다. '왜 나에게 이런 고통을 주느냐? 내가 무얼 잘못했기에 이런 고통을 주느냐? 고 분노하고 원망하며 절망하던 감정의 편린들이 홀연히 사라졌습니다. 이제는 평안이 임

했습니다. 이제는 말이 필요 없는 사람이 되었습니다. 여전히 하늘의 비밀을 알 수는 없었지만 그것이 더 이상 걸림돌이 되지는 않았습니다.

바로 여기에 인생의 근본적인 문제를 해결하는 열쇠가 있습니다. 문제의 골방에 갇혀 있지 않고 광대한 하나님의 창조 세계 앞에 서는 것입니다. 하나님의 창조 세계 앞에 서서 하나님이 욥에게 던진 질문들을 생각해 보는 것입니다. 그러면 나를 괴롭히는 많은 문제들로부터 해방될 수 있을 것입니다. 문제가 없어진 것은 아니지만 그 문제 때문에 더 이상 고통당하지 않게 되는 것을 체험하게 될 것입니다.

사람들이 왜 끊임없이 문제를 끌어안고 사는지 아십니까? 문제의 골방에 갇혀서 나오지 않기 때문입니다. 문제만 끌어안고 낑낑대기 때문입니다. 이제는 문제의 골방에서 하나님의 창조 세계로 나오십시오. 거기에 해방이 있고 자유가 있습니다. 해결의 열쇠가 있습니다. 문제의 골방에만 갇혀 있으면 문제만 보입니다. 그러나 하나님의 창조 세계로 나오면 씨름하고 있는 문제보다는 내가 보입니다. 내가 얼마나 작은 존재인지가 보입니다. 그렇게 작은 내가 보이면 문제는 풀리기 시작합니다. 하나님은 바로 이 방법으로 욥을 새로운 신앙의 세계로 인도하셨습니다.

하나님의 주권을 가르침

하나님이 욥을 하나님의 창조 세계로 끌고 가신 두 번째 이유가 있습니다. 그것은 하나님이 어떤 분이신지를 다시 한 번 깨우쳐 알게 하고, 하나님이 일하시는 방식이 사람의 생각과는 다르다는 것을 가르치기 위함이었습니다. 그리고 하나님은 당신이 뜻하신 대로 욥의 입에서 '당신께서는 못하실 일이 없으십니다. 계획하신 일은 무엇이든지 이루십니다' 라는 고백을 끌어

내셨습니다.

사실 욥기의 핵심 주제는 죄 없는 자에게 왜 고난이 닥치는가 하는 문제이지만, 그 문제의 배후에는 하나님의 공의가 어떤 것이며, 불합리하고 불의한 세상에서 어떻게 하나님을 말해야 하는가 하는 중대한 문제가 깔려 있습니다. 욥기는 신앙을 이야기하는 책인데, 욥기가 말하는 신앙의 핵심 주제는 하나님의 공의와 하나님의 자유, 그리고 하나님의 주권에 대한 문제입니다. 욥기는 하나님을 어떤 틀 속에 가두려고 하는 모든 시도에 대하여 철저하리만큼 거부합니다. 아마 성경에서 욥기만큼 하나님을 정해진 틀 속에 가두려고 하는 인간의 시도를 철저하게 깨부수는 책은 없을 것입니다. 욥기가 신앙의 마스터 클래스가 될 수 있는 것도 바로 하나님을 규정하려는 인간의 시도를 철저하게 깨부수기 때문입니다.

우리가 앞에서 살펴 본 것처럼 욥은 끝가지 자기 주장을 철회하지 않았습니다. '나는 의롭게 살았습니다. 그런 나에게 이런 재앙이 온다는 게 말이 됩니까? 왜 죄 없는 나에게 이런 재앙을 주시는 겁니까? 하나님 왜입니까? 그것을 설명해 보십시오.' 바로 이런 욥의 주장을 깨부수는 것이 욥기의 마지막 목표입니다. 즉, 욥이 당한 이유없는 고난을 통해서 인과응보 사상에 매이지는 않았지만 인과응보 사상을 넘어서지 못한 욥의 신앙적 한계를 보게 하고, 그 질기고도 질긴 인과응보 사상을 깨부수는 것이 욥기 이야기의 백미 중에 백미입니다.

진실로 인과응보 사상은 성경의 인물 중에 최고의 신앙인으로 하나님께 인정받았던 욥조차도 넘어서지 못했을 만큼 뿌리가 깊고, 거의 모든 신앙인에게 일반화되어 있는 보편적인 사상입니다. 그 뿌리가 얼마나 깊은지 오늘의 교회 안에서도 결코 뿌리가 뽑히지 않고 있습니다. 그러면 왜 그 뿌리가 쉽게 뽑히지 않을까요? 매우 싱거운 대답이 되겠습니다만, 하나님의 공의에는 분명히 인과응보적인 부분이 있기 때문입니다.

하나님은 심은 대로 거두게 하시는 분이시기 때문에, 말씀에 순종하면 축복하고 불순종하면 저주하시는 면이 있기 때문에, 인과응보 사상이 쉽사리 사라지지 않는 것입니다. 그러나 그럼에도 불구하고 인과응보라는 사상 속에 하나님을 가둘 수는 없습니다. 하나님은 결코 인과응보라는 틀 속에서 움직이지 않습니다. 왜 그렇습니까? 하나님은 어떤 것에 의해서도 당신의 자유를 침해당하지 않는 분이시기 때문입니다. 그분은 창조주이십니다. 스스로 계신 분이십니다. 온 세상의 진정한 주인이십니다.

그러기 때문에 그분에게 가장 중요한 속성은 자유입니다. 만일 자유가 조금이라도 침해당한다면 그분은 진정한 주인일 수 없습니다. 통치자일 수 없습니다. 만일 하나님의 자유가 조금이라도 제한당한다면 그때부터 성경의 기독교는 무너집니다. 어떤 사상, 어떤 원칙, 어떤 제도도 하나님의 자유를 침해할 수 없습니다. 우리가 생각하는 정의까지도 하나님을 구속할 수는 없습니다.

하나님은 우리가 생각하는 정의의 틀 속에 갇혀 있을 수 없습니다. 하나님의 자유는 하나님의 존재만큼이나 절대적인 것입니다. 하나님의 자유는 절대 빼앗길 수 없는 하나님의 존재의 뿌리입니다. 그러기 때문에 하나님은 당신의 자유(주권)를 어떤 상황에서도 지켜 내십니다. 결코 당신의 자유권을 빼앗기는 일은 없습니다.

그런데 욥과 친구들은 한결같이 하나님을 인과응보라는 틀 속에 가두려고 했습니다. 욥까지도 하나님이 자기에게 그렇게 큰 고통을 주는 것은 부당한 것이고, 절대로 그래서는 안 되는 것이라고 생각했습니다. 흠없이 산 자기에게 이런 아픔을 준다는 것은 도무지 받아들일 수 없는 것이었습니다. 그래서 하나님께 항변했습니다. 다시 말하면 하나님의 자유에 의문을 제기한 것입니다.

하나님은 바로 이런 욥을 향해서 말씀하셨습니다. 창조 세계를 통해서 욥에게 말씀하셨습니다. '욥아, 네가 우주 만물을 보느냐?' '예, 보고 있습니다.' '보면서 한 번 생각해 봐라. 이 모든 것을 만드는데 네가 참여한 게 있니? 내가 네 지혜를 빌린 게 있니? 네 도움을 받은 게 있니? 모든 것은 다 내 뜻대로 만들어졌지 않느냐? 그렇지? 너도 마찬가지다. 너에게 축복을 주든지 아픔을 주든지 그것은 전적으로 내 뜻대로 하는 것이다. 내가 필요에 따라서, 또 내 영광을 위해서 너에게 잠깐 아픔을 주었기로서니 그게 도대체 어쨌다는 거냐? 네가 누구관데 감히 고개를 쳐들고 나에게 그런 아픔을 주어서는 안 된다고 명령하는 거냐? 너의 신학적 틀 속에 나를 가두려고 기를 쓸 작정이냐? 내 행동을 제한하는 재판관이 되어 보고 싶으냐? 도대체 네가 누구관데 내 자유를 제한하려 들고 내 행동을 판단하려 드느냐? 내가 뜻하는 바가 있어서 너에게 이런 아픔을 주었거늘 감히 네가 내 자유에 시비를 거느냐? 네가 아직도 할 말이 있으면 한 번 말해 봐라.' 이것이 욥을 향한 하나님의 도전이었습니다.

하나님의 침묵보다 더 깊은 욥의 침묵

이런 하나님의 도전 앞에서 욥은 진실로 아무 할 말이 없었습니다.

7장 11절과 42장 1-3을 비교해 봅시다. 먼저 7장 11절을 봅시다. "그런즉 내가 내 입을 금하지 아니하고 내 마음의 아픔을 인하여 말하며 내 영혼의 괴로움을 인하여 원망하리이다." 무슨 말입니까? 결코 물러서지 않겠다는 것입니다. 죽어도 침묵할 수는 없다는 것입니다.

그런데 42장 1절부터 3절을 보면 사람이 완전히 달라져 있습니다. "욥이 여호와께 대답하여 가로되 주께서는 무소불능하시오니 무지한 말로 이치를 가리우는 자가 누구니이까. 내가 스스로 깨달을 수 없는 일을 말하였고 스스로 알 수 없고 헤아리기 어려운 일을 말하였나이다." 무슨 말이지요? 알지도 못하는 주제에 하나님을 규정하고 하나님을 틀 속에 가두려고 했다는 것을 인정하고 있는 것입니다. 그것이 잘못됐다는 것을 인정하고 있는 것입니다. 입이 열 개라도 이제는 더 이상 할 말이 없다는 이야기입니다.

욥은 하나님과 함께 우주 여행을 하면서 깨달았습니다. 하나님 홀로 우주를 다스리신다는 걸. 하나님은 진실로 누구의 간섭도 받지 않고 만물을 다스리고 계신다는 걸. 나도 만물들처럼 하나님이 그렇게 기뻐하시는 뜻대로 다스리신다는 걸. 하여, 욥은 회개합니다. "주님이 어떤 분이시라는 것을 지금까지는 제가 귀로만 들었습니다. 그러나 이제는 제 눈으로 주님을 뵙습니다. 그러므로 저는 제 주장을 거두어 들이고 티끌과 잿더미 위에 앉아서 회개합니다"(42:5-6).

인간의 얄팍한 생각이나 경험으로 하나님이 하시는 일을 설명하려 하고, 이해하려 하는 것이 얼마나 어리석은 짓인지를 깨닫고 나니, 그 동안 자신이 했던 말들이 얼마나 오만방자한 말이었는지, 정말 하나님을 알지 못하고 지껄인 말이었는지를 깨닫고 스스로 돌이킨 것입니다. '이제는 당신이 하시는 일에 대하여 이러쿵저러쿵 말하는 것을 삼가하겠습니다. 당신의 주권, 당신의 무한한 자유를 건드리지 않겠습니다. 당신은 진실로 주권자이십니다.' 이것이 욥의 최후 고백입니다.

인과응보를 넘어서는 욥

사람들은 끊임없이 하나님이 역사 속에서 행하시는 바를 체계화할 수 있다는 듯 신학을 체계화시켜 왔습니다. 그리고 체계화된 신학 속에 하나님을 담아내고, 하나님의 미래까지도 예견하며 하나님의 뜻을 구체화하는 작업을 해왔습니다. 욥의 세 친구들처럼 말이지요. 그러나 하나님은 인간의 이런 시도를 용납할 수 없었습니다. 그런 시도는 하나님을 창조자가 아닌 인간의 종으로 만드는 것이 되기 때문에 하나님을 규명하려는 것이나, 하나님이 하시는 일을 설명하려는 모든 인간적인 노력은 결국 수포로 돌아가야만 합니다. 하여, 하나님은 욥과 친구들의 치열한 논쟁을 묵묵히 지켜보셨습니다.

논쟁이 치열해질수록 문제의 실상이 정확하게 드러날 것이기 때문에 하나님께서는 끝까지 참고 인내하시며 침묵으로 일관하시다가 논쟁점이 충분히 밝혀지자 비로소 침묵을 깨고 등장하신 것입니다. 드디어 인간들이 자기들 입맛에 맞게 체계화시킨 하나님의 뜻(인과응보의 논리)을 부서뜨릴 때가 된 것이지요.

하나님은 욥에게 인과응보의 교리가 우주를 이해하고, 우주 안에서 하나님이 하시는 일을 이해하는 틀이 될 수 없다는 사실을 알게 해야 했습니다. 이 세상의 그 무엇도, 정의로운 세상의 질서를 위한다는 명목까지도 하나님의 자유를 제한할 수 없다는 진실을 밝혀야 했습니다. 그래서 욥을 뽑았습니다. 이 진실을 밝히는데 있어서 욥보다 더 최적의 사람이 없기 때문이었습니다.

욥이야말로 죄 없이 고난을 당함으로써 인과응보의 교리로는 하나님이 하시는 일을 설명할 수 없다는 진실을 밝히는데 최적의 사람이기 때문에 하나님은 욥을 사용하셨고, 욥은 그 임무를 성공적으로 해냈습니다. 그리고 욥 자신이 하나님을 새롭게 보게 되었습니다.

하나님은 원인과 결과라고 하는 순환구조 속에 갇힐 수 없는 분이시라는 것, 하나님이 하시는 일은 예견할 수 없다는 것, 하나님은 인간의 선을 기뻐하시지만 인간의 선을 필요로 하시는 분은 아니라는 것, 하나님은 인간의 행위에 매이는 분이 아니라는 것, 하나님은 무한히 자유하시며 알 수 없는 지혜로 만사를 섭리하신다는 것, 하나님은 인과응보의 세계를 넘어 계신다는 것을 알게 되었습니다.

인과응보가 아닌 사랑의 관계

인과응보의 교리는 하나님과 인간의 관계를 매우 이기적이고 계산적인 관계로 추락시키는 심각한 문제를 안고 있는 교리입니다. 본래 하나님과 인간의 관계는 선악이라는 행위에 의해서 좌우되는 관계가 아닙니다. 만일 선악이라는 행위에 따라 하나님이 대응하기만 한다면 하나님은 감시자나 상벌자 이상이 될 수는 없겠지요. 사랑의 관계가 이루어질 수는 없습니다. 하나님과 사람의 관계는 하나님의 조건 없는 사랑, 무한히 자유로운 사랑에만 근거하고 있습니다.

하나님은 모든 일을 오직 사랑으로, 사랑 때문에, 사랑을 위하여 하십니다. 사랑 외에는 다른 어떤 것으로도 하나님을 움직일 수 있는 것이 없습니다. 하나님의 공의조차도 인간의 선악에 따라 기계적으로 집행되지 않고 오직 무한히 자유로운 사랑에 의해서 집행됩니다.

그러기 때문에 사람이 생각하는 정의의 기준으로 보면 하나님의 정의는 없는 것처럼 보이기도 합니다. 사람이 생각하는 사랑의 기준으로 보면 하나님의 사랑은 심히 의심스럽기까지 합니다. 왜냐하면 하나님의 사랑은 조건 없는 사랑이고, 무한히 자유로운 사랑이기 때문입니다. 우리로서는 절대 포착할 수 없는 하나님의 지극한 지혜에서 나오는 사랑이기 때문입니다.

하나님은 이처럼 조건 없이, 무한히 자유로운 사랑으로 일하시기 때문에 하나님이 하시는 일을 사람은 알 수 없습니다. 아무리 신령하고 하나님과 직통하는 사람이라 할지라도(그런 사람이 있을 수 없지만) 하나님이 너에게 이렇게 행하신 것은 이것 때문이다 저것 때문이다, 그렇게 말할 수 없습니다. 그렇게 말하는 사람은 100% 사기꾼입니다. 하나님을 아는 자가 아니라 하나님을 이용해 종교적인 이득을 취하려는 영적 사기꾼입니다.

사람은 결코 하나님이 하시는 일을 알 수 없습니다. 사람이 그걸 알게 되면, 아는 순간 이미 하나님은 하나님이 아닌 분이 되어 버리고 맙니다. 하나님이 가시는 길은 하나님만 아십니다. 하나님은 오직 조건 없이, 무한히 자유로운 사랑으로 일하실 뿐입니다. 어느 누구도 그 앞에서 왈가왈부할 수 없습니다. 지시할 수도 없고 항의할 수도 없습니다. 바로 이것이 욥기를 통해서 들려주시는 하나님의 메시지입니다.

욥이 이 메시지를 듣고 눈이 열리고 귀가 열리기까지는 매우 힘들고 지난한 과정을 겪어야 했습니다. 그러나 이 메시지, 이 진실에 눈을 뜨고 나자 모든 것이 잔잔해졌습니다. 아직까지 욥의 상황은 조금도 변한 것이 없습니다. 문제가 없어진 것도 아니고 상황이 좋아진 것도 아닙니다. 그러나 자신의 피조물 됨을 발견하고 하나님의 주권을 새로운 눈으로 보게 되자 욥의 마음속에서는 이미 문제가 다 해결되었습니다. 더 이상 고통하지 않아도 되었습니다. 욥의 마음에는 이미 고통의 근원이 떠났습니다. 고통의 현실이 눈앞에 있었지만 욥은 더 이상 고통하지 않는 사람이 되어 있었습니다.

여러분! 바로 이것이 축복입니다. 신앙의 신비한 은총입니다. 고통의 문제가 떠났기 때문에 고통하지 않는 것은 누구나 할 수 있는 것입니다. 그러나 고통의 문제가 눈앞에 있음에도 불구하고 고통을 넘어서는 것, 이것이 진정한 신앙이요 차원 높은 신앙입니다. 여러분! 신앙이 무엇입니까? 신앙이란 하나님의 자유(주권)를 인정하고 그 앞에 머리 숙이는 것입니다.

욥의 결말

욥의 인생은 결국 해피엔딩(Happy Ending)으로 끝났습니다. 갑절의 축복을 받았고 나이 늙고 기한이 차서 죽었습니다. 한바탕 거센 폭풍이 휘몰아쳤지만 결국 폭풍은 잔잔히 가라앉고 평안이 찾아왔습니다. 욥은 더 성숙한 신앙인으로 살다가 하나님 품에 안겼습니다.

어디 욥뿐이겠습니까? 하나님 안에 있는 자의 인생은 모두 해피엔딩입니다.

아무리 극심한 고통이 있고 시련이 있다 할지라도 결국에는 해피엔딩입니다.

하나님이 살아계시는 한 우리 인생은 해피엔딩입니다.

그러나 혹 해피엔딩이 아닐지라도 신앙의 진실은 달라질 수 없습니다. 히브리서 13장의 주인공들처럼 고난과 죽음으로 끝나는 인생이라 할지라도, 다니엘이 고백한 것처럼 '그리 아니하실지라도', 사자굴 속에서 사자 밥이 될지라도, 욥의 인생이 두 배의 축복을 받지 못한 채 막을 내릴지라도, 신앙의 진실은 달라질 수 없습니다. 하나님의 무한하신 자유(주권)를 인정하고 그 앞에 머리 숙이는 신앙의 본질은 달라질 수 없고, 달라져서도 안 됩니다. 하나님의 존재는 두 배의 축복으로 인해 증명되는 것이 아니요, 사자굴 속에서 보호받았다고 해서 증명되는 것이 아니기 때문입니다. 욥이나 다니엘의 신앙은 진실로 '그리 아니실지라도'의 신앙이었습니다.